U0031214

小手拉

小手

Aida 著

前言

想寫這本書很久了，無奈一直提不起勇氣，過去曾寫過、畫過很多情侶之間的小故事，不過當故事重點是自己本身，我竟然覺得有些緊張。好不容易提起勇氣了，卻又因為經歷太多事，不知該從何寫起、分寸該如何拿捏，於是花了好一段時間來整理心情，還有整理這本書。

故事開始於「我喜歡女生。」看似簡單的一句話，卻沈重到我難以對身邊的人啟齒。

不知道是否內心埋藏著祕密的人，都是這個樣子的，彷彿有一塊大石頭沈沈地壓在心上，每天都活在痛苦之中。祕密將我和身旁的人距離拉遠，身邊看似很多人陪伴，但心裡依舊覺得很孤獨。

前幾年，我幾度試圖擺脫這種孤獨感，想對家人出櫃，卻又擔心他們深受打擊、擔心他們責備自己、擔心他們對我

感到失望，因而作罷。我經常在夜裡痛哭、從夢中驚醒、抹掉眼淚又昏沈沈地睡去。徬徨之際，我總會邊哭邊搜尋出櫃的相關文章，但我找不到答案，看了很多的經驗談，卻沒有誰能夠明確地告訴我該怎麼做。

直到出櫃以後我才明白，整個過程必須得靠自己慢慢地摸索和體會。出櫃的時間點，訂定得再妥善也沒有用，因為那是一股突如其來的勇氣；談話的內容練習再多也沒有用，當下自然而然就會知道自己該說什麼；乞求結果完美也沒有用，因為我們不該去期望家人的反應必須符合我們的期待，而他們的反應本來就不會只有一種可能。

從把自己關在櫃子裡，到勇敢地站出來，我經歷了很多、也成長了很多，謝謝陪伴在我身邊、給我勇氣的所有人，特別是綺綺，謝謝她總是不畏艱難，堅定地牽著我的手，勇敢地和我相愛。

這個時代對同性戀還不是非常友善，我明白出櫃後，可能會讓我失去一些讀者、丟掉許多工作機會，但我卻不得不這麼做，因為隱藏著一部分的自己，總讓我感到自己的作品好似缺乏了什麼，內心十分煎熬。我明白自己總是欲言

又止、避重就輕，每次想談論或分享些什麼，卻又顧慮太多，導致作品總是不完整。而這一次，我決定勇敢，寫出那些藏在我心裡的祕密，為了那些還把自己深鎖在櫃子裡的人，也為了讓自己自由，這本書，可以說是完整地填補了之前作品裡的空缺。

我一直不斷地掙扎，從該不該說，到該如何說，都耗費了好一番功夫。後來做足了心理準備，才決定向讀者出櫃，也決定向編輯提議：「我想寫這本書。」我明白這件事有它的難度，但又希望它可以幫助一些正對自己感到迷茫的人；也可以幫助我回憶過去一路走來的種種，提醒自己一切都很不容易，現正擁有的，都該好好去珍惜。

我想起梁靜茹有一首歌，叫《小手拉大手》。而我和綺綺之間，則是小手拉小手，那雙小手，雖然不像大手般厚實有力，卻溫柔細緻，雖然兩者之間有所差距，但我相信小手和大手都一樣，一樣能帶給我幸福。

我是女生，但我愛女生，看似很奇妙，但在我的世界裡，就像其他人愛異性般自然。

天蠍座

← Aida

專長自拍 →

情緒起伏大、易鑽牛角尖

....

★興趣：吃、睡

★喜歡：薯條、珍珠奶茶、甜點

★討厭：牛奶

....

最常說的話「你很奇怪！」「我真可愛」

射手座

← 專長把人
← 拍得很醜

綺綺 →

冷靜沉著、大而化之

....

★興趣：閱讀　★喜歡：貓

★討厭：肉桂

....

最常說的話「做人不要太誇張」、「少煩我」

contents

01

心裡開始有祕密

我和家人的關係一向很好，雖然偶有爭執，但不影響我們之間的感情。我們無話不談，當一天結束後，無論是喜怒哀樂，所有當天發生的事情，都會和家人分享，家人也總是喜歡聽我談論每天的生活大小事，喜事替我開心，傷心事替我抱不平。

但因為一次的對話後，我決定讓家人從此在我的戀愛過程中缺席。

「媽，妳能接受同性戀嗎？」高中時某天放學回家路上，母親騎機車載著我，我坐在機車後座，鼓起勇氣卻又膽怯地提問。

「別人我沒有意見，」母親接著繼續說：「但妳知道，這種事是不可能發生在我們家的。」

「為什麼？」我忍不住發問。

「什麼為什麼？那不正常啊！」母親堅定地說。

「……」我沒有答腔。

「怎麼樣？」母親接著問。

「沒什麼。」我的話到嘴邊又吞了回去，便保持靜默，直到回到家。

那是我與母親第一次聊同性戀話題。後來因為太過膽怯，也怕引發戰火或導致母親懷疑我的性向，我提都不敢再提。

一直以為母親的思想很開放，因為她從不要求我的成績；願意帶我買垃圾食物吃；甚至會和我討論班上哪個男同學很帥，但沒想到話題一到同性戀上，她居然也和反同的那些人站在一塊。一直以來，母親都是我預計出櫃的第一順位，我想，假如她知道了，可以在其他家人面前替我說些話，但如今看來，將她放在出櫃的第一順位，好像也不是那麼地必須。

我繼續佯裝自己是個不碰愛情，只把讀書和工作當作重心的乖巧女兒，我很痛苦，因為愛情對我來說是很重要的一部分。即使第一次愛上一位女孩的時候，我才 17 歲，花費了很多時間和精力去維持和經營，但在家人面前，卻表現出一副對愛情毫不在乎、棄若敝屣的樣子。

我需要愛情，也愛我的家人，經常在兩者之間拉扯，最後總是家人的那一方獲勝，我只能夠把關於愛情的一切事情繼續埋藏在心底，且一藏，就是十多年。在這十多年的時間裡，我總是無法真正的開懷大笑，無法敞開心胸面對最親密、最深愛的家人，我一直不夠勇敢、懦弱、畏縮。

很多時候，我都知道那不是我，我只是活成家人期待的模樣。

「妳知道這種事是不可能發生在我們家的。」母親的這句話，不斷地在我腦海中盤旋。於是我又將這一份祕密藏得更深，那成了一道我與家人之間無法跨越的鴻溝。

02

不是故意不愛男生

一場平凡的戀愛，大概就是「相戀、結婚、生子」，在大部分的人眼裡，這樣才算完整。一定很多人感到疑惑，如果我可以談一場平凡的戀愛，為什麼要選擇辛苦的那條路走？為什麼要去喜歡一個和自己同性別的人？

問題在於我就是辦不到啊。

一直以來，家人對我的期望和要求，我都會盡力去達成，因為我沒有自己的想法，沒有自己的主張，達到他們的標準，就是我的最高目標、我最大的心願。但唯獨感情方面，我無法照著家人的期望走，只能忠於自己的心，跟著自己的感覺走。

雖然我是在高中時才發現自己喜歡女生，但其實在那之前，早就有跡可循。

時間回到十幾歲初，正值國中時期，班上女同學的鉛筆盒或書包經常被男同學搶走，邊叫邊笑地追打著男同學跑，我打從心底希望下一個不會是我，因為我並不想參與他們的追逐。曾有男同學搶過我的鉛筆盒，當下的我絲毫不覺得有趣，我板著臉，一心想在逮到對方時，狠狠給對方一個巴掌，讓他知道什麼叫做碰了釘子。當時，我以為自己就是單純不愛和男生玩在一塊兒而已。

直到我二三十歲時，才明白自己是真的對男生沒興趣。

我對異性的感覺，就像異性戀對同性之間的感覺般，只有欣賞、喜歡，但就是談不及愛上，而這種感覺，我也是花了好幾年的時間，才真正搞懂。男生對於我來說，就和女生朋友一樣，沒有什麼差別。在我們之間，很難燃起什麼火花、很難因對方做什麼事而心動，即使欣賞一位男生，也很難和他繼續發展下去，或者給他什麼允諾。

一切就是如此奇妙。

曾有過一些追求者，他們的條件都不差，自己也曾經欣賞一些男生，但就僅僅只是欣賞，只要考慮進一步有什麼發展，我就會覺得自己好像被強迫要做什麼事。我並不害怕或者討厭男生，只是，我們之間感覺好像少了些什麼，最多最多，就只能夠是很要好的朋友。

還記得學生時期，朋友老愛說我與愛情絕緣。
到了我們這一代，其實同學都很早熟，誰喜歡誰、誰交男女朋友，都是再平凡不過的事。當時看著身邊的同學朋友，男女朋友一個接著一個地交往，但我就像是個絕緣體，絕緣到朋友幾度對我開玩笑說：「妳要嫁不出去了。」他們有過各種猜測，說我個性太古怪、說我長得太高，但我心裡知道那些都不是問題，也並不感到著急，因為我知道，感情這種事情本來就是順其自然的。

直到十七歲那一年，我第一次愛上一個人，才知道自己不是什麼愛情絕緣體，你們才絕緣體，你們全家都絕緣體。

性別不是絕對的重點，你才是。

03

初次愛上女生

不知從何時開始，我發現自己總是容易被成績好或者聰明、懂事的人所吸引，尤其是散發出一種書生氣息的人。對外表則沒有什麼特殊要求，只是特別喜歡皮膚白皙、個性溫柔的人。

但我從來沒想過的是，這個人竟會是一個女生。

初次發現自己喜歡上那個女孩，我並不感到驚訝、錯愕或徬徨，我只知道我喜歡的就是這個人，我會因為她哪堂課缺席而感到不安、會因為她通訊軟體上的任何動態而心情跟著起伏，我的情緒受她牽引，想要擁有這個人。

「我想這和異性戀喜歡一個人的心境沒有什麼差別。」我

很快便說服了自己，在這之前，從未有人教過我什麼是同性戀，但我很快地過了自己這一關。

猶記得當時身邊同學多半以為我在開玩笑，女生之間的親暱和打鬧似乎不會讓人多做聯想，包括我們，總是小心翼翼、半開玩笑地向對方表白，我們希望自己在對方的一群朋友中，成為最特別的那一個人，卻又深怕自己誤會了什麼、深怕最後彼此連朋友都當不成。

「欸，妳是 T 嗎？」在成為朋友後，我鼓起勇氣問她。
「不是。」她斬釘截鐵地說。
「哦。」我若無其事地回應。
當時的我們都不夠勇敢，瞞著家人、瞞著朋友、也瞞著彼此。

我並沒有因那一次的答案而感到失望，反而對她展開瘋狂的追求。那是我第一次這麼瘋狂地喜歡一個人，喜歡到不顧外界的眼光，喜歡到我們明明沒有交往，我卻還正大光明地吃她和其他同學的醋。

我不知道異性戀是不是也如此折騰，但我們光是確認彼此的心意，就花了一年半。

那一段時間，對方不曾正面回應我的追求，卻也未曾拒絕過我。我知道她的恐懼，也明白她的擔憂，但回想起來，當時的我就像是個瘋子，可能是第一次感受到愛上一個人的感覺，可能是第一次在感情中有了明確的目標，我覺得當時任何原因都不能阻止我們在一起，包括對方搖擺不定的心意。

最終，我追到了她。

她是我的第一任女朋友，也是我除了自己以外，第一個出櫃的對象，而在一起的那些年，我很感謝她教會了我許多事。

每段感情都是很重要的一課。

04

Stacy

初戀直到分手那幾年，我幾乎沒有能夠傾訴心事的對象。
不是因為身邊沒朋友，關心我的人很多，只是我總是拒人
於千里之外。因為身為同性戀，我怕身邊的朋友會覺得我
是變態、認為我不正常，甚至因此離我遠去。所有因戀愛
而起的心情起伏，在家人和朋友面前都得隱忍著。

「不能讓他們察覺任何異狀。」我總是這樣告訴自己。

唯一能夠聽我訴苦的，只有高中時期的朋友 Stacy。

我是家中的長女，從小就渴望哥哥姊姊的照顧。Stacy 就
像我的姊姊一樣，在我心情不好或是需要她的時候，我總
是可以得到陪伴和照顧，她總是會在過馬路時小心翼翼地

拉著我；總是會在買飲料時推開我拿著零錢的手說：「不用啦，我付。」總是騎著機車帶我到處吃美食；總是陪著我花了大半天的時間逛街買東西，她切實地彌補了我身為長女渴望被照顧的缺憾。

我很喜歡 Stacy，但那又和我愛上一個女孩的感覺不一樣，我想這就是友情和愛情之間相異的奇妙之處吧。

與前任分手的當下，我知道無論多麼地痛苦和艱難，都必須得對至少一個人出櫃，那個人可以是朋友、是家人，他會和你分享一切的喜怒哀樂、會看你經歷愛情裡的酸甜苦辣、會是精神上的寄託。

我會選定 Stacy，不是因為什麼特殊的原因，Stacy 不算我刻意出櫃的對象，而是因為相處久了，她自然而然知道我跟前任的關係。與她談論感情中的任何小事，都能夠很自然地抒發，她就像個感情諮商師，時而提醒我該怎麼做、時而替我感到開心、時而替我抱不平，聽我訴苦、陪我解悶，擁有這個朋友，是我這一生最幸運的事之一。

除此之外，她總是幫我瞞著家人，每當我和前任有約，她

總是甘願當那個「替身」，每個人一生中都會有個朋友，當家人聽到你要出門，成員名單中有她的時候，就會特別放心，而 Stacy 就是那個人。

因此，建議所有的人，尤其是同性戀者，都能夠至少擁有一個像 Stacy 一樣的朋友，讓你練習出櫃、在感情中陪著你大笑、陪著你大哭，不必獨自吸收所有的負面情緒。而我們同時也可以是 Stacy，陪伴我們身邊最重要的那個朋友，渡過一切難關。

唉！真的不想再說謊了。

05

美花

國中時期有一位朋友，叫美花（寫書當下問她要叫什麼綽號，她隨口説了美花，我也就真的寫了），我們從國中時期便一直要好到現在，一轉眼已經認識十幾年，即便是出社會後，我們也會偶爾見面敍舊。

我和美花的組合很奇妙。

我們不像一般朋友價值觀和個性相近，喜好也不盡相同，她總是開玩笑地説：「這樣我們才不會喜歡上同一個男生。」還真的不可能會喜歡上同一個男生，因為我壓根就無法喜歡男生，我們連性向都不同。

在許多年後，我和她聊起當初我向她出櫃的事，我倆都對

事情的經過記憶很模糊。過了幾分鐘,她忽然像想到了什麼似的,說:「妳好像沒特別說,但是我知道。」又補充說了一句:「好像真的沒有特地說明什麼,不過,有需要嗎?」對她來說,同性戀就是這麼自然的存在,而我也是。

「妳愛誰都無所謂,我愛妳。」她落下這句話。
「OK.」我受不了她的肉麻,結束了這個話題。

在明白了我的性向之後,我們依舊是那麼要好的朋友,因為如此簡單的一句話:「妳愛誰都無所謂,我愛妳。」。

06
與家人之間

學生時期的戀愛往往最純粹，我們在面對出社會的現實前，利用這段時間的「愛情歷練」來成長、來了解最適合自己的是什麼樣的對象，這段經歷，其實很可貴。

只可惜在我們的家庭觀念裡，別說是同性戀，連「學生時期談的戀愛」都是不被贊同的。因此，雖然一直以來我和家人的感情都還算親密，幾乎無話不談，但我的感情狀態在他們眼裡，幾乎是一片空白。相信很多人都遇過這樣的經歷，為了談一場家人不認同或者不知情的戀愛，內心有多麼地無助與徬徨。

我的姨媽，也就是母親的姊姊，甚至喜歡對我的弟弟妹妹們說：「你們要像姊姊一樣，專心讀書，學生時期談什麼

戀愛啊？」每次她説出這句話的時候，大家都一片沈默，我更是無地自容。

「我哪裡沒談戀愛啊？而且對象還是個女孩子。」我在心裡無聲地吶喊。

但是我只能噤聲。

「同性戀」在家中幾乎是個不可多提的禁忌話題，即使偶爾提起，都是負面的言論。有次姨媽忽然談論起這個話題：「有一次在路上逛街，看到一對女生卿卿我我的，好噁心。」家中其他長輩也露出難以接受的神情。我接著説：「所有公然在大街上卿卿我我的情侶都很刺眼啊，又不是同性戀的問題。」姨媽聽了撇撇嘴，很不能接受，也不願再多談。

家庭對同性戀的反對，讓我這段感情走得相當孤獨。

初戀期間，很幸福卻也痛苦，現在回想起來，最痛苦的不是失戀的過程，而是自己和家人的關係愈來愈疏遠。我經歷了人生一段重要的過程「初戀」和「失戀」，但卻不能對最親密的家人分享那些點點滴滴，像是收到字條時的沾

沾自喜、半夜窩在被子裡默默地哭泣，我只能將自己和所有的情緒都鎖在房間裡。

失戀那陣子，每天就是上課、放學、打工、回家睡覺，極少有機會和家人相聚在一起聊天，即使聊天，我也會忍住情緒，若無其事、不著邊際地和家人聊著電視劇、新聞、今日氣象。有時候，我好氣自己不夠勇敢，也心疼家人對我的關愛被阻絕在門外。

我經常不知道下一步該如何走，面對家中年邁的長輩、恐同的親戚，有時候會覺得家中已沒有我生存的空間，好想逃出這個充滿高壓的生活環境。只可惜我從來無法與勇敢畫上等號，向現實低頭是我一貫的作風。再者，我是個極度容易被情緒勒索的人，如果為了做自己，而讓家人失望或傷心，是我這輩子永遠無法釋懷的事情。

將自己深鎖在櫃子裡的日子，經常覺得好孤獨。

07

阿薇

我有一位朋友，
我戀愛的時候，她比我還要開心；
我失戀的時候，她比我還要傷心。
她為我的對象把關，也為我的幸福把關。

自從高中畢業、上了大學後，我和 Stacy 各自忙於課業，也不再像以前能夠陪伴在彼此身邊，隨時更新對方的訊息。到了新環境，我也交了新朋友，有了新的生活圈。

大學時期的室友也和 Stacy 一樣，見了前任幾次，不需我刻意地出櫃，室友自然明白我們的關係，久而久之，我很習慣和室友聊起自己的另一半，隨著知道的人越多，我越能感受到，找到人互相分享愛情中的喜怒哀樂，是多麼幸福的一件事。

大二時搬離了宿舍，交了新的朋友阿薇。她是個毫無心機、再單純不過的女生，簡單來說，就是個小孩子（我不確定她喜不喜歡我這麼形容）。我們之間的對話不外乎就是課業、寵物、生活瑣事。直到有一天，我們依照慣例坐在演講廳、聽著催眠人的演講時，我忽然有一股衝動想把這個祕密告訴她。

「欸！」我轉過頭對坐在隔壁昏昏欲睡的她說：「妳……想不想看我……痾……男朋友？的照片？」
那時候的我，對於脫口說出「女朋友」三個字，似乎還有些不習慣。

「蛤？」阿薇眼睛瞬間亮了：「妳有嗎？我要看！」

我鼓起了勇氣、翻開錢包，遞了照片給她，當時我的心情很忐忑，怕她不能接受、怕被當成怪物、更怕失去她這個朋友。

「她是女生？」阿薇仔細地盯著照片。

「嗯。」我點了點頭，迅速把錢包收回來。

「哇！」她喜孜孜地看著我，有點難摸透她的眼神，彷彿知道了我的小祕密對她來說是一件很了不得的事。

幸運的是，她並沒有被我嚇跑、對我的態度也沒有改變，從她眼裡，可以看出她對我的溫柔，那種對我的理解、體諒、還有接納，她尊重我這個朋友、我們之間的友情超越了一切，而我對她的坦誠，讓我們變得比以前更加親密、更加無話不談。

阿薇

08

被她藏匿

愛上同性，
難道是一件丟臉、見不得光的事情嗎？

小手拉小手

隨著交往的時間漸長，身邊的朋友都知道我有對象、並且是個女生時，佔有慾及心理的不平衡開始作祟，我也開始要求對方，將我們的關係告訴她身邊的人，好求個安全感。

但對方總是支支吾吾地婉拒我，「說這個幹嘛啦？」「不說人家也知道啊。」她想盡各種方法和理由迴避我的要求。

當獨處或是與對方發生爭執後，我總是問自己：她是覺得談戀愛不必昭告天下嗎？為什麼她忍得住這種戀愛的狂喜？或者是覺得身為同性戀很可恥呢？既然這樣不在乎我的感受，我們還有未來嗎？

這些想法常常在我腦裡打轉，但我從來沒有正面詢問過她，只是氣她的不勇敢，氣她把我藏起來，氣自己的這一段戀情見不得光。

一直到分手，似乎還沒有多少人知道我們真真實實地在一起過。我既生氣又徬徨，「像這樣躲躲藏藏的愛情真的會有結果嗎？」當時的我對她十分不諒解，甚至還怪罪自己

是否不夠好，不夠好到讓對方覺得和我在一起是值得公開的。

後來，當我自身遇到了瓶頸，才明白每個人都有自己的苦衷。

每個人的成長環境、家庭背景、與身邊朋友的關係和自己的個性都不同，有自己的想法及顧慮，對很多人來說，說出自己喜歡同性這件事，不像說出今天午餐吃了什麼如此簡單，背後極大的壓力和痛苦，沒有人能夠體會，尤其是另一半的催促，更加地令人覺得喘不過氣。

但她隱藏著這一段感情，確實讓我原先稍微對這個世界卸下的防備心，又漸漸武裝了起來。

小手拉小手

09

媒人婆金魚與阿關

在與前任分手後，我度過了漫長的幾個月（其實也才三個月吧）。

「欸，妳在幹嘛啊？」金魚説：「又在想失戀的事喔？」

「沒有啦，放空而已。」我趴在辦公桌上印資料。

在大學打工時，認識了一位同事，她叫金魚，年紀比我稍長，但聊起天來我們之間沒有任何隔閡，和她在一起永遠不必擔心沒有話題。阿關則是金魚的大學同學，綺綺的高中好友，因為這錯綜複雜的關係，我和綺綺牽上了線。

在某一次若有似無地聊天，忽然間，我和金魚談起了自己的前一任，也順便向她出櫃了。

「其實我的前任是女生。」我説。

那時的我忙著傷心，也沒特別去想金魚能不能接受，當我意識到自己向她出櫃了以後，她對我說：「欸欸欸！阿關的朋友也是女同，她也剛好失戀，不然我介紹妳們認識好了。」

我對她這突如其來的建議嚇了一跳，我是個極度討厭社交和聯誼的人，就連大學時期抽學伴我都整疊往後傳，一點興趣都沒有，更別說是「相親」了。

「我沒心情。」我抬頭看了她一眼。
「就認識一下啊～」金魚說：「阿關說她人真的很好。」
「妳是不是怕我想不開啊？」我說：「我現在還好了，妳別緊張。」
「再這樣下去我怕在社會頭版看到妳……」金魚故意露出擔憂的表情。
「放心啦！」我翻白眼，「我又不是那種會為了感情自殘的傻子！」

「不是。」金魚說：「我是怕妳去殺別人。」
「……妳很煩」

沒想到這樣吵吵鬧鬧幾回，我竟然就答應赴約了。相信我，讓一個人走出失戀低潮最快的方法，就是讓他愛上另一個人，當然前提是要發自內心的愛上，而不是為了遺忘一個人而去勉強自己愛上另一個人，否則結果將會是兩敗俱傷。

第一次失戀，我很誇張，我覺得我的世界都崩塌了。

我每天都關在房間裡哭，每天上班都在跟金魚說前任的壞話，雖然談話內容很負面沒營養，但我卻很積極，上班時和同事訴苦變成我一天當中最期待的事（這樣是對的嗎），而我覺得自己還有救的地方是還願意聽進旁人的話，願意跨出那一步，把自己帶離傷心，去接受全新的生活。

而全新的生活，則是綺綺帶給我的一切。

金魚：「妳真的要去嗎？」
我：「對啦。」
金魚：「那我跟我朋友說喔！」
我：「說說說，快去說～」

世界如此之大,我卻恰好遇見金魚、遇見阿關,然後遇見妳。

10

淺談第一印象

我向來是個十分沒有時間觀念的人，和綺綺的第一次見面，我居然就遲到了，我從捷運站出口的電扶梯上來，映入眼簾的是金魚、阿關、綺綺三人頂著烈日站在約定好的集合處等我，當下我好想找個地洞鑽進去，也覺得對方對我的印象肯定差極了。

金魚碎念了我一番，餘光瞄到綺綺和阿關微笑著站在一旁，只記得當時的我心慌意亂，只顧著跟金魚解釋遲到的原因（其實也沒有什麼原因，就是遲到而已），卻不敢鼓起勇氣向她們打聲招呼，現在想想還真是有些失禮。

接著，我們到一間下午茶店吃蜜糖吐司。第一次參加這種場合，我如坐針氈，說話小聲到只有金魚聽得見，完全和

罵人時的大嗓門判若兩人，所以說，第一印象真的僅供參考。後來綺綺和阿關去洗手間，金魚趁機問我：「妳覺得她怎樣？」

其實綺綺還算是我喜歡的類型，因為我長得高，本來高個子的女生就不多，加上她的外型白皙，乾淨整齊，有禮貌也很客氣，餐點上了也幫忙切點心分配給大家，我對她的第一印象很好。但只見幾個小時的面，實在很難判定自己是否真的喜歡上對方，尤其我並非一見鍾情的類型，無法咻一下地愛上對方，對我來說，更重要的是兩人相處起來的感覺是否合拍。於是面對這樣的逼問，我只好先保守的回應金魚。

「什麼怎樣啊……」我笑了一下，便敷衍金魚：「才見幾小時而已！」

而後來我和綺綺談論到了第一印象。
綺綺說，她其實對我的第一印象是：我的金錢觀念很差。

「妳對我的第一印象如何？」我問：「妳之前說我好像看起來很會花錢。」

「喔對，」綺綺接著說：「因為那時妳還是學生，還沒出社會賺錢，就在用智慧型手機（當時還不普遍），還網路吃到飽，我有點擔心妳的金錢觀和我不一樣。」

「那都是我自己賺的啊。」我說：「而且那是剛好手機壞了，我前一隻手機連拍照和聽音樂的功能都沒有。」

「知道啦，妳解釋過了。」綺綺說：「不然我也不會繼續認識妳。」

第一次的「相親活動」，我們沒有抱著一定得交往的決心，先自然地當起了朋友，在通訊軟體上一來一往地聊天，聊了幾次之後，我發現我們的個性雖然互補，但價值觀還算相近，最重要的是，我們相當聊得來，這對省話一姐的我來說，是相當可貴的。

幸好我們都沒有把第一印象看得太重，彼此願意繼續往前跨一步，進一步深入認識對方，將外表都當作是浮雲，否則故事也不會繼續下去。

人比人氣死人,別總是比較,尤其是和他的前任。

11

勇敢的她

在加了綺綺好友之後，我們便很常聊 MSN（當時還沒有 LINE），我倆之間，平時也沒有太多曖昧的對話，就這樣聊著聊著，直到有一次……

「我不會煮飯和作菜。」我說。
「我會啊！」綺綺回。
「那太好了！」我繼續打字：「你去翻農民曆，我們把交往紀念日訂一訂。」

我永遠記得，我們當初決定交往時的情況有多麼喜劇化。

於是，她飛奔來接我下班，送了我第一束花。
於是，我們的臉書關係設成了穩定交往中。

於是，坐在機車後座的我終於可以緊擁著她。

我以為自己每一段感情都會懦弱、畏縮地度過，直到遇見了綺綺，那是我第一次和另一半在大街上牽手，拿著小吃邊走邊吃、和對方互相餵食，那時候的我不顧所有陌生人的眼光，他們的看法都與我無關，我知道我跟著綺綺，向前跨了一大步。

她不但大方地公開我們的關係，對我的好，更是無話可說。

「我腳好痛……」逛街逛到一半，我停下來：「我們走慢一點。」
「因為鞋子嗎？」綺綺看了一下我的腳。
「嗯……」我委屈地看著她。
「唉，」綺綺皺皺眉：「不是跟妳說過了，不要再穿難走的鞋子。」
我準備好接受她的一陣碎念。
「要我跟妳換鞋嗎？」綺綺忽然冒出這一句。
「真的嗎？」我眼睛一亮。

於是我們走到牆邊，互相交換腳上的鞋子。

換上球鞋的我邊走邊開心地笑，一方面是因為腳舒服很多，一方面是因為她的貼心感到幸福。

看著穿著中性，但卻搭了雙女性化靴子的她，我忍不住抱緊她的胳膊：「妳會怕別人覺得妳看起來很奇怪嗎？」

「如果別人覺得我的鞋子看起來很奇怪，再看妳的腳，就知道為什麼了。」綺綺冷眼看著穿了長裙大衣，卻搭著她的球鞋的我。

「我覺得我好像全智賢。」我邊走跳、邊回憶起電影《我的野蠻女友》中男女主角換鞋片段，完全是個內心小劇場很多的瘋女。

「不要因為這種事在那邊很開心。」綺綺說。

等到交往稍微穩定之後，我們介紹彼此給對方的朋友認識。說真的，我總是很害怕她接觸我生活圈的人，因為你不知道身邊的損友哪時會天殺的衝出一句損你的話，或是偷偷透露不堪回首的經歷和蠢事讓她知道。但矛盾的是，當對方融入了自己的生活圈，卻又是一件令人感到幸福的事，也希望身邊的朋友和她，都能夠愛屋及烏。

對身邊的好友都出櫃了以後，我也開始變得更加勇敢。

我第一次在社群軟體上公開出櫃，在朋友圈中貼上我們的合照，我和她在社群網路上公開放閃，我們到處玩，四處拍照留念，為每一張相片加上註解。那時候，我才知道什麼叫做真正的「談戀愛」，也才知道女孩和女孩之間的愛情，並不是真的見不得光，只要夠勇敢，外人的眼光一點都不重要，真正喜歡我們、理解我們的人，自然會接受。

喜歡放閃。
就像《遇到》那首歌的歌詞一樣：
「你每一次的溫柔我都想炫耀。」

12

她的家人

雖然我說得很坦然，但在面對最重要的家人這一塊，我始終無法跨出那一步。

綺綺和我不一樣，在我們交往前，她便向家人坦承了自己喜歡女生這件事，而我們在一起沒多久後，綺綺便帶著我參加她大姐的婚禮。

我不是個性落落大方的女生，不會討人喜歡，也沒有什麼長輩緣。在婚禮上，其實我很忐忑，四周充滿著綺綺的親戚朋友，我不知道他們會怎麼看我，不知道會怎麼說綺綺，不知道這長達三個多小時的時間內，會發生什麼不可預料的事。

現在想起來真的覺得她好瘋狂，那是一個什麼樣的場合，充滿著她的家人、親戚、朋友，而她就這樣不顧一切地帶著我入席，甚至讓我上台抽捧花，猶記得當時站在台上的我幾乎雙腿發軟，望著台下舉著相機幫我拍照的綺綺，忽然萌生想衝下台毆打她的念頭。後來，綺綺帶我到新娘休息室，把我介紹給她的家人，當下的我真的好想打退堂鼓，手刀衝回家，我覺得我的內心無法承受這般壓力。

「媽，妳看她～」綺綺指著我：「她睫毛刷兩層耶，有夠濃的。」
我瞪大眼，一臉「妳說什麼啊？」地看著綺綺，都還沒開口，綺綺的母親就接話：「人家眼睛大，刷這樣好看啊！」轉向我笑著說：「對不對？」
原本戰戰兢兢的我，害羞地笑了。

「我不知道有沒有哪裡不得體……」雖然綺綺的家人都很親切，但當晚我還是心有餘悸地失眠了。

我是個極度怕生的人，也很抗拒社交場合，但在拉近我與她家人的距離這一塊，她做得很用心，以致於我能夠慢慢地走進她的生活圈。現在，雖然我們之間還少了一張「結

婚證書」，但她的家人早已把我當成家中的一份子。每當
她的家人外出旅遊買了伴手禮，總是會多算我一份；家人
聚餐或是要吃什麼好料，總是會帶上我一同參與；最讓我
感到親切的是，她的家人，也和我的家人一樣，叫著我的
乳名。

一直以來，我都好羨慕綺綺，羨慕她能夠和家人無話不
談，欽佩她對家人出櫃的勇氣，更加感動於她對我們這份
感情的認真。

但每當我和綺綺的家人相處時，看見他們彼此坦誠相待，
我就會想起我的家人，想起我總是在感情這一塊迴避著他
們，相較之下，顯得有點無助和心酸。

我過意不去的不只是你，還有我的家人。

她的家人

13

她很特別

綺綺的外型很特別，她不留長髮、談不上溫柔婉約、不穿裙子、不化妝、不踩高跟鞋，不同於一般世俗所認定的女孩子「該有的樣子」。她留著一頭俐落的短髮，打扮中性，加上身高和體格都偏向男性的身材，經常會被誤認為男孩子。我並沒有特別去選擇這樣性別氣質的女生交往，只是他們堅強又帶點溫柔的個性，特別能夠打動我的心。

綺綺很特別，但依我的角度來看，還是有一部分的人，對綺綺這樣的性別氣質不太友善。綺綺也曾經無奈地說，現今社會對她這樣的女生還是有許多歧視和偏見，包容度不高。

原本我不能體會她所說的，因為我從小就是大眾所認同的

女生該有的樣子，不太會因為外表而受到歧視或是不平等的對待。直到有一次，我在上廁所時聽到一群大媽以為綺綺是男生，邊笑邊說：「唉呀～還以為妳是男生，羞死了～」想也知道，當下的綺綺只能無奈地笑一笑：「不是，我是女生。」我就發誓至少在一起的時候，我一定要好好保護她。

因此每一次上廁所時，我都要邊跟綺綺聊天邊走進廁所，讓大家聽見她的聲音，不再對她出現在女廁大驚小怪，或是對她的外型指指點點。排隊時，我也總是讓綺綺先進廁所，絕對不留她一個人在外面。最後，甚至我都比她還要緊張、還要神經兮兮，那時我就想，連我這個旁人都這麼困擾了，何況是她呢？每次在外頭上公共廁所時，她得面對多少人對她投以異樣的眼光？過去的她，還忍受過多少個大媽不明究理的誤會和責備？

曾經，我也希望綺綺能夠留長頭髮，穿著稍微女孩子氣一點，至少這樣她就不必再忍受這個世界對她的不公平和不友善，但我覺得她好像不快樂、也不自在，就像如果要求我剪一頭俐落短髮，我也做不到一樣。我才意識到自己這樣的想法太自私，更對綺綺不公平，只要不妨礙到他人，

每個人都有資格成為自己最喜歡的樣子，不是嗎？

現今社會中，我們應該對不一樣性別氣質的人，多一點友善的態度，而不是強迫大家都要活在我們多數人的期望當中。

我不在乎別人怎麼看你，我只希望你是快樂的。

14

弟弟對同性戀的遲疑

在家中，我排行老大，後面只有一個弟弟，我鮮少和弟弟說心事，因為他就像大多數的男孩子一樣，不太會傾聽，也不太會安慰人。（希望弟弟忽略這段）

弟弟是個異性戀男生，在我向他出櫃以前，雖然他沒有反同，但對同性戀始終抱持著不支持的態度。在他的心目中，就是一男一女，才是正常的戀愛關係，才能組成一個完整的家庭。我想許多人應該都有著和他一樣的想法，的確，從小到大幾乎未曾接觸過的議題，導致同性戀對他們來說，是多麼不可思議的一件事。

在向弟弟出櫃前，我也想了很多。

會不會一告訴他真相，他會把我這個姊姊當成怪物？會不會他對我的崇拜和肯定頓時化為烏有？會不會立刻告訴其他家人？我以後該怎麼面對他？會不會日後他對我所說的話和建議都大打折扣？許多想法在我腦海中一遍又一遍地跑過，所有的該與不該都在我心中互相拉扯著。

但在我初戀失戀的那一段時間，我想在家中找到一個能夠宣洩的出口，所以還是向我唯一的弟弟出櫃了。我們平時交心的時間並不多，但他是這個家中第一個知道這件事的人。

「我失戀了……」明明隔著一層樓的距離，因為說不出口，我還是選擇用電腦和弟弟對話。
「嗯嗯。」他安慰人的功力實在很差。
「只是對象是個女生，你認識的……」我緩慢地敲打著鍵盤，然後按下送出。
「我以為你們只是朋友欸！」弟弟驚訝地回覆。
「全家都這麼以為，你是我第一個說出口的人。」我說。
「嗯，但是……」弟弟說：「兩個女生在一起，多奇怪啊……」

因為失戀的緣故，我沒有心力多向他解釋，或者試著改變他對同性戀的看法，就這麼隨他的想法。當下的我，只是想找個人傾訴。

「姊。」弟弟：「妳要不要試試看和男生在一起？」

「我真的沒辦法。」我說。

「或許對妳來說會比較好。」弟弟說。

當時弟弟試著要將我「導回正途」，我相信他是打從心底為了我好，也相信大部分家人反對同性戀的原因皆是如此，但當我們都長大了以後，會發現其實「為你好」是一種很自私的想法，因為真正的「好」，不應該是去要求對方，達到、滿足我們心中所認定的「好」，而是應該讓對方自由。

當自我認同不夠強烈時，
任何人說的話，
都可能讓我動搖。

弟弟對同性戀的遲疑

15

弟弟的接納

從弟弟口中叫出「綺綺」的同時，
我便明白弟弟已打從心裡
接受了我們。

後來，我認識了綺綺，也和弟弟正式介紹她。

起初，弟弟沒多說什麼，我想心中還是多了份無奈吧，畢竟那天和我促膝長談了那麼久，沒想到我這個做姊姊的竟然還是如此「執迷不悟」。那時候弟弟還不太能接受同性戀，並不是排斥，而是在他心中，覺得我和男生在一起或許會更好，不希望姊姊選擇一條可能需要遭受外界歧視眼光、辛苦的路走。尤其是我的前一段感情，還如此失敗，看在弟弟的眼中，或許會認為同性之間的感情幾乎都是沒有結果的。

就這樣過了好一陣子，我發現每一張我和綺綺的合照下方，弟弟都會點讚，只是他內心的真正想法，我仍不敢貿然揣測。

直到某一次，赫然發現我和綺綺的某張合照下，出現了老弟的留言：「姊，看妳過得幸福我就放心了。」我知道他又用了哪齣連續劇灑狗血的台詞，假裝上演姐弟情深的戲碼，但這句話對我來說真的很重要。弟弟的接受，讓我鬆了好大一口氣，也不再覺得自己身處家中有多麼孤單，甚至想進一步對更多家人說出我隱藏在心裡多年的祕密。

做好心理準備後，我連續向表弟和表妹出櫃，表弟表妹就像我的親弟弟妹妹一樣，從小玩在一起，他們的認同，對我來說也十分重要，表妹的回答讓我最為感動，她說：「姊，我很開心妳願意和我分享這件事。」

得到了弟弟妹妹們的認同，我心裡的缺口好像有那麼一點點正在填補著，但我往後需要面對的，是更深更大的缺口——家中的長輩們。要如何對他們說出口，我完全毫無頭緒。我的認知是，他們的立場不像弟弟妹妹們「只希望我快樂就好」，他們對我有著極大的期望，如果我向他們說出「我喜歡的是女生」這種話，他們能夠像弟弟妹妹一樣接受得如此坦然嗎？

16

每一次的相見

也許很多讀者在這本書之前，已經先讀過我好多作品了，並且會以為我和綺綺原本就一直都是同居的狀態。

其實不然，我和綺綺是先交往了好一陣子，後來才正式同居。前面的作品之所以看起來很像同居，是因為我總是把我們少數相見或短暫相處的小片段畫下來，當作是我們分隔兩地一種心靈上的慰藉，看圖文中的我們，會讓我們覺得好像真的和彼此在一起一樣，分隔兩地好像也就沒有那麼難受了。

雖然我們不算遠距戀愛，但我們的老家分別在高雄的兩端，相距約 35 公里，雖然不是多遙遠的距離，但搭捷運也要將近一小時的車程，加上我們平日要上課上班，沒有

機會能夠經常見面，每到假日相見時，我們總是特別珍惜那些時光。

每一次相見，我總會精心地打扮自己，希望直到下一次的相見之前，我在她心中都是如此美好的印象。我們會討論要約在哪一間好吃的餐廳、哪些適合一起拍照留念的景點、要一起去哪裡走走逛逛。

我最期待的是每一次從捷運站出口跑出來，都能看見綺綺坐在機車上低頭滑著手機等我。我總會邊跑邊跳地來到綺綺面前，互相給對方一個大大的擁抱，我戴上安全帽坐上了機車後座，雙手緊摟著她，開始和她分享這週以來有趣的、傷心的、遇到的各種事。

「我想妳。」我說。
「我肚子好餓……」綺綺說：「妳想吃什麼？」
「妳最好再忽視我的話。」我從她腰上捏了下去。

到餐廳後，綺綺通常會讓我選兩樣我喜歡的主餐，然後一人一份，一起分著吃，再搭上我們聊不完的天。我們之所以一直有共同話題，是因為我們有著良好的默契，我們經

常會聚焦在同樣的事情上，對同樣的話題有著差不多的看
法，其中一個共同的興趣，就是我們都喜歡研究路人。

「妳看那邊那對情侶，」綺綺吃了一口飯說：「他們一定
還在熱戀期。」
「為什麼？」我問。
「因為他們的眼裡都是愛心啊～」綺綺說。
「那我們的眼裡呢？」我問。
「我們的眼裡都是食物。」綺綺笑著說。

愛就是：因你而笑、因你而哭、因你而動怒。

17

同居的前奏

從分居到同居，是兩人之間極大的變化。分居時，我們看
不到彼此最真實的那一面，還有自己的空間可以喘息；而
同居後，我們會將完整的自己呈現在對方眼前，包括一些
平時不想讓對方看見的那一面，像是懶散的生活態度，甚
至是卸了妝的自己。除此之外，我們還得去適應彼此的生
活習慣，在各方面磨合。

而我們早已做好了心理準備，「同居」，並非倉促的決定。

在決定同居之前，我也在綺綺家住了一陣子，彼此一些生
活上的小細節，我們也略知一二，至少看過彼此懶散的生
活態度和卸了妝的樣子（笑），在一起生活的日子很開心，
「同居」也就逐漸變成了我們共同的目標。

我們經常會一起在網路上搜尋哪裡適合居住、哪個建案的評價還不錯、哪裡的生活機能適合我們的需求，但再多的討論都是紙上談兵，我們還是少了一股成家的衝動。

「我們的眼裡都是食物了。」我嘆了一口氣說：「什麼時候才能生活在一起？」
「我也想啊……」綺綺忽然提議：「還是等等吃完飯，我們就去找房子？」
我先是被這提議震驚了幾秒，接著點頭如搗蒜。

後來的幾個月，我們一直不停地到處看房子。

「這間離妳上班的地方不會太遠吧？」我問。
「還可以，而且到市區也滿近的，附近生活機能也好。」綺綺説。
就這樣，我們每天都在房屋網上篩選房子，然後四處奔波看房，討論每間房子的優缺點。每踏進一間房子，我就會幻想這是我們將來要一起生活的地方，對未來的同居生活充滿期待。

經過了幾番討論和評估，最後，我們選定了一間房子，簽

了約，決定正式展開全新的同居生活。

「耶耶耶！」一路上我一直不斷驚呼。
「要住在一起了，很開心吧？」綺綺笑著說。
「對阿，」我忽然正經了起來：「等我們住在一起之後，我再跟家人說我們的關係。」
「不用急。」綺綺：「等妳想說的時候再說就好。」

「同居了以後，」我說：「如果有任何情緒，我們可以隨時安撫對方，而且我不住在家裡，也能給家人一點空間和時間去接受和消化。」
「嗯。」綺綺答應。
我們互相擁抱了一陣子，給彼此鼓勵。

他們一定在熱戀期，因為眼裡只有彼此。

那我們眼裡呢？

我們眼裡只有食物。

同居的前奏

18

不捨

在搬離家裡前，我似乎有點明白待嫁女兒的心情。

那種感覺，和上大學的住宿生活不一樣，上了大學後，似乎隨時隨地可以因想家而回家，重心還是可以放在家裡。但現在搬離家中的感覺完全不同，我們必須把重心轉移到另一個家。在和家人開口時，因為忽然間要脫離家裡，難免有些難以啟齒，因此我找了個理由，讓他們覺得我並不是要搬離他們，而是因為工作關係，我需要有一個獨自的空間。

「爺爺，因為需要工作室的關係，我需要搬出去住。」在某一次的談天過程中，我忽然說。

　　　　　　　　　　　　　　小手拉小手

「哦，這樣啊！」爺爺說：「自己一個人嗎？」

「不是啦，和綺綺住。」我說：「我的工作也很需要她的幫忙。」

「好啊～」爺爺說：「妳們方便就好。」

「假日我還是會回來的。」我試圖避免讓他們覺得我要離開：「就和以前大學住宿一樣。」

「沒關係的。」爺爺說：「家裡還是會有妳的房間，想回來就隨時回來。」

平時，我經常和家人聊到綺綺，家人都知道她對我很照顧，也知道我們關係很好，經常一起出去玩，一起出去吃飯，綺綺也曾到家裡來拜訪過，爺爺對她的印象很好，覺得她是個好孩子，也經常誇讚她比我懂事。

「不過住在一起，妳不會給人家製造麻煩吧？」爺爺雖然不捨，還是忍不住開我玩笑。

「爺爺！」我又氣又好笑。

待新家打理得差不多，婆婆和弟弟幫我載了行李到住處，並幫我把行李搬上樓。

不捨

「嗨！」弟弟和綺綺向對方打了招呼。

「婆婆好。」綺綺向婆婆打了招呼。

「妳好！」婆婆笑笑地回應了綺綺：「她就麻煩妳照顧了。」

婆婆和弟弟幫我把行李和簡單的傢俱安置好，雙方寒暄了幾句，準備回家。我送婆婆和弟弟到地下室停車場，看著他們上車。

「我們回去了喔！」婆婆拉下車窗說：「妳趕快進去吧！」

「好！」我看向駕駛座的弟弟：「你們回家小心。」

車子慢慢駛離，我跟在後面走了幾步，最後目送汽車轉彎離開的那一瞬間，我忽然間紅了眼眶。除了上大學時的住宿，我好像還是第一次離開家到外生活，一方面期待著全新的生活，一方面又捨不得從小把我們拉拔大的家人，尤其我心裡還對他們藏著說不出口的祕密，這一點一滴都把我和家人之間的親密拉得更遠。

送走了家人回到樓上，我和綺綺即將正式迎接新到來的同居生活，還有屬於我們的家。我們開始打掃家裡，把東西歸位，談好生活公約，一切看似差不多都整理好了，剩下

需要整理的，應該只有自己的心情了。

當天晚上，我偷偷地躲在棉被裡哭，忽然好想家，捨不得開車送我到新家，又獨自往返的弟弟和婆婆，捨不得我從小到大幾乎沒有離開過的家鄉，捨不得爺爺，捨不得家裡仍留著我的房間，捨不得家裡所有的一切。

我們不用太刻意一直相處在一起，
想回家的時候，我們隨時可以回家。

我們之間的相處模式
沒有什麼規則一定得遵循，
只有不斷地溝通和體諒。

19

雙重經前躁鬱

某天晚上,等綺綺回家等到晚上十點,距離她承諾我的八點多,已經過了一兩個小時。我的心情開始浮躁,一方面氣她失約,一方面又擔心她的安危,我洗了澡,把自己縮在被窩裡,因為經前的焦躁,被負面情緒綁架,開始止不住眼淚。

直到聽到大門打開的那一刻,我心中的擔憂消失了,只剩下對她失約的種種不滿。

綺綺一放下包包和袋子,就立刻衝進房間,看我用被子蓋住自己縮在床上,便開始搖我:「怎麼了?妳在生氣嗎?」
我背對著她,不給任何回應。
綺綺用力要把我翻過來,我還是把身體僵住。

「妳一定要這樣嗎？可不可以不要每次都這樣！」綺綺開始不耐煩，然後就轉頭走出房外。

我開始放聲哭泣。

過了一陣子，綺綺回到了房間，把我從床上拉起來，說：「妳都不擔心我晚回來了，是因為發生什麼事嗎？」

「擔心啊！」我繼續掉眼淚：「可是妳什麼都沒說、沒解釋，就只是罵我。」

「妳有要聽我解釋嗎？！」綺綺問。

「我會啊，可是妳一開口就是罵我又在鬧脾氣。」我邊掉眼淚邊說。

「我晚回來是因為跟家人吵架，我本來已經要回來了！誰知道會發生這樣的事！」綺綺委屈地說。瞬間我不知道該說什麼好。

「妳以後，可以先聽我解釋嗎？我知道我答應妳要早點回來了，但有時候就是沒辦法……」綺綺解釋道。

「……」我點了點頭。

兩人互相擁抱了彼此，其實在那一瞬間，我知道自己是生理期前的情緒失常，但我卻說不出半個字。

而同為女人，都有生理期不但無法讓我們能對對方有同理

心，反而覺得一個月要忍受兩次的經前躁鬱是件十分辛苦的事，一次是對方，一次是自己。在這裡我更是佩服交了女友的男生們，每個月要忍受女友莫名的脾氣，連女人都不懂女人，更何況是男人呢？女生們可別把男生的忍讓當成了理所當然，該互相體諒才是。

史上最可怕的事大概就是兩個經期相遇的女人。

20
一直以來想要的生活

情侶之間爭執是很正常的，只要在每一次的爭吵過後，我們的感情變得更好，都算是正向的溝通。

隔天早上，睡夢中隱約聽見綺綺一如往常地在廚房準備早餐，我起床走出房間，從背後給她一個深深的擁抱，好似昨晚什麼事都沒發生。

「早餐快好囉！」綺綺拍拍我的手：「豬仔，去那邊坐好。」
我蹦蹦跳跳地跑到沙發上坐好，等待早餐上桌。
「好囉！」綺綺端著兩盤蛋餅放到餐桌上：「快吃吧！」
「等一下！」我拿出手機開始為剛煎好的蛋餅拍照，我有搜集她的手藝的習慣，相簿裡滿滿都是綺綺的料理，什麼

料理都得先拍過再吃。

「這有什麼好拍的⋯⋯」綺綺不解地問。

搬進新家後，手機裡存的幾乎都是生活點滴，像是購入了新的盆栽、水果籃、美麗的木製時鐘，整理好了的客廳、書桌，清潔完後的浴室、流理臺，在窗邊看風景的歐練（貓），玩弄老鼠布偶的麻吉（貓），當然還有綺綺準備的每一餐。

和綺綺組成一個小小的家，兩人一起為了生活努力打拚，是我一直以來的夢。現在似乎不必再因為經過亮著黃燈的溫馨家庭而感到羨慕，因為只要住在一起，似乎夢想就完成了一半，雖然差了一張結婚證書、差了得到家人的認同，但在我倆之間，一切都還算圓滿。

「現在這樣很好，」我吃了一口蛋餅，對綺綺說：「這就是我一直以來想要的生活。」

「為什麼？」綺綺說。

我想了想，一起出門採購傢俱和生活用品，一起窩在沙發上吃零食看足球賽，一起早起運動，一起逛大型賣場，一

起看一部電影或追一齣戲劇，但這些似乎都不是原因，因為儘管沒有同住在一起，還是可以一起做這些事情。而住在一起後，最大的變化是……

「因為我們每一次的約會之後，都可以一起回到同一個家。」我說。

小手拉小手

得到家人的認同很困難，但這是我必須給你的承諾。

21

我給的不安全感

一次週末，我回到了娘家過夜幾天，只要分隔兩地，我們便會不定時用通訊軟體聊天。

「妳在幹麻？」手機那頭傳來了綺綺的訊息。
「我身體有點不舒服。」我說。
「好，」綺綺：「那妳休息一下。」
放下電話之後，我便沈沈地睡去。

過了不知道多久的時間，聽到房間敲門聲醒來，我揉著眼睛開門，是弟弟。
「姐，」弟弟說：「妳還好吧？」
「嗯。」我睡眼惺忪地問：「怎麼了？」
「綺綺擔心妳，妳趕快回個電話給她吧！」弟弟說。

我坐回到床上，打開手機，數通未接來電和訊息映入眼簾，全是綺綺、弟弟、表弟表妹打來的。
我撥了電話給綺綺：「喂？」
「喂？」綺綺說：「妳還好嗎？」
「我？」我還在狀況外。
「妳剛才說完人不舒服之後，就消失了好長一段時間，我很擔心啊！」綺綺焦急地說。

「喔，」我說：「我不小心睡著了……」

「我差點就要打給爺爺他們了。」綺綺說。

「沒事啦，我弟剛才有來看我，叫我回電給妳。」說完這句話後，我好像開始有點明白我帶給綺綺的不安全感。

綺綺是我最親密的人，卻無法透過我的家人，獲得我的第一消息，其實是很無助的，假如我真的發生了什麼事，綺綺也無從得知。

幸好我先前已經和弟弟妹妹們出櫃，也讓他們認識了綺綺，彼此有聯絡的方式，綺綺才有其它管道能夠聯繫到我，否則只能在遠方乾著急。過去的我，總覺得談戀愛是倆人之間的事，後來才明白，另一半得到家人的認同，其實也是相當重要的。

22

承諾

在交往的過程中，綺綺一直很在乎的一個問題，就是除了弟弟妹妹們，我家中的長輩完全不知道她的存在，只知道綺綺是我一位很要好很要好的朋友，這對她來說，相當地不安。只要遇到爭執，她多少會提起這件事。

「我的家人不管遇到聚會，或是買了什麼東西，總是也會算妳一份，但是妳家人完全不知道我們的關係。」某一次的爭吵，綺綺說。

「妳以為我不想說嗎？」我哽咽地說：「我的家庭狀況不一樣。」

「如果哪天發生了什麼事，我也只是一個局外人⋯⋯」又談到這個，綺綺也開始感到無助。

爺爺在我心中，是一個很重要的人，從小把我帶大，教導我很多事，就像我的父親一樣，現在已經高齡，我不太能確定他是否能夠承受這件事，我無法丟出一句「我是同性戀」，然後放著他去自行消化和接受。

至於家中其他長輩，也有我說不出口的原因，從小，家庭就經歷了許多風風雨雨，我不太確定這一顆震撼彈，他們還有沒有心力能夠承受。

「妳不是不知道我家裡的狀況，」我哭著說：「尤其是爺爺年紀大了，又有高血壓，有事情瞞著他，我也不好受。」說到這裡，綺綺又安靜了。
「我沒有逼妳跟爺爺說。」綺綺：「我只是……」
「唉，」綺綺繼續說：「最差的結果就是你生病了，救護人員只通知妳的家人，但我什麼都不知道，只能一直打電話給妳、傳 LINE 給妳，找不到妳，我也只能乾著急。所以上一次妳生病睡著，我才會這麼緊張，一直打給妳的弟弟妹妹。」
「如果妳的家人知道我，他們會跟我說。」綺綺紅著眼眶說：「可是如果妳的家人不知道我的存在，他們只會自己處理，但我完全不知情。」

那一瞬間，我懂她的不安全感，換作是我，我一定也會像她一樣，或許比她更難受。除了不安全感以外，心中一定還有一股不公平的感覺，憑什麼她的家人都知道我、接納我，把我當作女兒般的關愛，而在我的家人面前，我卻將她藏起來？

「我有時候會想說，算了吧！」綺綺還反過還安慰我說：「其實也不用逼著你和家人說，你的弟弟妹妹們都知道了，這樣其實就可以了，或許等到我們都老了需要陪伴在對方病床邊的時候，你的身邊也只剩下弟弟妹妹了，也不會有人阻擋我了。」

現在回想起來，綺綺好像也沒有真正逼迫我和家中長輩出櫃過，只是偶爾吐露她的心中的不安，對此我很感激她的體諒，也很委屈她在這段時間內陪著我躲躲藏藏。到了很後來，我向她表示我有意要對家人出櫃時，她反而反過來要我不要有壓力，她說，她可以等的。

謝謝你願意給我時間，
儘管一等就是好幾年。

23
十年的空缺

從發現自己喜歡女生到現在，大概也有十多年了。

曾經，我好羨慕弟弟妹妹們，可以帶著自己的另一半回家見見長輩、互相寒暄，而綺綺來我家時，長輩之間的問候，她的身分，也僅僅是我一個很要好的朋友，就像我其他的朋友一樣。我還必須帶著她避開較敏感的長輩，例如姨媽。

記得綺綺第一次來家裡時，不巧碰見剛下班過來家裡的姨媽，姨媽是母親的姊姊，對我的關愛如同母親一般。姨媽撞見綺綺時，露出了一種防衛心很重的表情，當時，我知道綺綺很受傷。當下我就決定得好好地保護綺綺，而我對綺綺的保護，是避免讓她和姨媽碰面，這是很消極的作

法，但雙方對我來說都是很重要的人，這是我短期內想到對雙方都好的決定。

綺綺每次來家裡拜訪爺爺婆婆時，都得跟著我躲躲藏藏，在我的心裡，其實一直很對不起她，但她只是默默承受，幾乎不會責怪或埋怨我。

在這些年，我經常覺得很孤單。

「爺爺，我出門了。」我說：「去綺綺家一趟，有案子要和她商量。」
「哦，好。注意安全！」
說是商量案子也沒有錯，但真正的目的卻不能夠明白地說出口，約會這種事，總是需要一再地扯謊、裝糊塗，一再地將家人關懷的心推得更遠。

我常在公園快走運動或者在搭捷運聽歌時，只要一想到和家人出櫃的畫面，還有滿腹的無奈和委屈，就會忍不住默默地流下眼淚。在睡前，更是容易胡思亂想，我常夢到自己正在和家人出櫃的畫面，好不容易鼓起勇氣說開了、經過了辛苦的家庭革命、得到家人的接受和認同，結果從夢

中醒來後，發現一切都是一場空，就這樣，我經常在夢裡反覆地向家人出櫃、哭著醒來，在痛哭失聲後發現夢裡的自己徒勞無功，精神壓力大到幾乎喘不過氣。

我明白身為同性戀並非壞事，既沒有傷害到誰，也沒有影響到別人，只是我的性向與大多數人不一樣。但世俗的眼光，家人的期望和對同性戀的看法，總是給我一股無形的壓迫，讓我經常懷疑自己是否還要繼續堅持下去，也花了好大一段時間去接納自己身為同性戀這個事實。

其實，「害怕出櫃」並不是因為身為同性戀可恥，也不是自己做錯了什麼，而是因為世人歧視的眼光。

反覆地在夢境中出櫃，壓力大到幾乎快要崩潰。

24
躲躲藏藏的拜年

逢年過節時，綺綺總是很期待要到我家拜年，但她總是不能明白這在我心中是多麼大的壓力。我擔心會暴露我們的關係讓家人知道，擔心看到的鄰居會在我們背後碎嘴、徒增家人的煩惱，擔心家人如果看出我們的關係，卻不能夠接受，綺綺會連帶受到傷害。

在騎車去捷運站接她的時候，我總是膽戰心驚的，但每次迎面而來的，都是開心地提著伴手禮，滿心期待要見我家人的綺綺。（扶額頭）

我尤其擔心她再次與姨媽的碰面，會對她再次造成傷害。

有一次年初三，綺綺又來家裡拜年。但因為姨丈在家裡跟

爺爺打麻將，擔心姨丈看到綺綺便明白我們的關係，也不知道姨丈的反應會如何。於是，我先傳了訊息問表妹，姨丈他們離開了沒，順便請表妹在離開之後告知我們，我再帶綺綺回家。我明白這些躲躲藏藏的舉動對綺綺很不尊重，也很委屈她，但除此之外，當下我真的想不到更好的方法。

等待表妹的回音期間，我和綺綺坐在一間日式餐廳吃著午餐。

綺綺看著我坐立難安，有一口沒一口地吃著飯，忍不住對我說：「妳很緊張嗎？」
我：「……」
「還是我把禮盒交給妳，妳代我轉交給爺爺，我就不去妳家了？」綺綺溫和地問。
那一瞬間我其實很想哭，我好捨不得她的委屈，也很氣自己的懦弱。
「不用。」我說：「我沒事，等等就回我家。」

後來終於接到表妹「通風報信」，姨丈離開後，我才帶著綺綺回到家。

「爺爺好。」綺綺一見到爺爺，便開心地打招呼。
接著就是一連串的寒暄。

「綺綺啊，」爺爺握著綺綺的手說：「這傢伙總往妳家跑，這些時間照顧她，辛苦妳了。」
「不會啦爺爺，」綺綺客氣地說：「我們互相照顧。」

這幾段對話聽得我頭皮發麻，爺爺是個心思細膩的人，我總覺得他會察覺其中的不對勁，但是這幾年來，我未曾聽過爺爺提起或懷疑過什麼。

「如果你壓力這麼大，以後我就先不去你家了。」

「對不起…」

躲躲藏藏的拜年

25

溫水煮青蛙

在和家人聊天的期間，我總是有意無意地提到綺綺，像是她對我多好、多替我著想、多照顧我……等等，家人也總是對綺綺滿懷感激，並對她留下十分良好的印象。不論異性戀還是同性戀，都有可能面對家人不認同這段感情的狀況，同性戀情更不用說，比起異性戀多了許多艱難之處，也需要花更多的力氣去證明我們過得很好。

當我和家人談起綺綺時，並沒有多說什麼，只是讓家人知道，我有個非常非常要好的朋友，總是讓我出門在外時有妥善的照顧，讓他們放心。

「每次吃飯時，綺綺都會把最好的留給我，像是吃炸雞，她都會自己吃雞翅，讓我吃雞腿。」我對爺爺婆婆說。

「綺綺對妳那麼好，妳可也要好好對人家，要彼此尊重。」
婆婆說。

「綺綺這孩子真好，妳也要懂事一點。」爺爺也附和。

我為了得到家人的認同，花了很多的心力去證明自己是個
不需要讓他們操心的人，無論是從小的課業到現在的事
業，我從未讓家人擔憂過。但一句：「你從小到大都不需
要我們操心。」卻又讓我壓力大到了極點，也是我遲遲不
敢向他們出櫃的原因——害怕讓他們失望。

在家人知道了綺綺這個人以後，我希望他們對我的信任能
延續到綺綺的身上，每一次提到綺綺，我總是費盡了唇舌
說她的好話，當我的家人對綺綺充滿了良好的印象後，我
才開始讓綺綺見我的家人。

「爺爺婆婆好。」綺綺是個有禮而且穩重的人，我想見面
也許也讓她加了不少分。

「綺綺你好～」爺爺婆婆親切地對綺綺打招呼，並看了看
我說：「她常往妳那邊跑，給妳添了不少麻煩啊，謝謝妳
這麼照顧她，我們都有聽她說喔。」

「沒有啦～」綺綺笑笑說。

看著自己的另一半和家人相處的畫面真的覺得很幸福，雖然在他們眼裡，我們很可能只是再好不過的朋友，關於這點，我們一直在努力著，希望未來出櫃時，能把對他們的傷害降到最低。

小手拉小手

請完整填寫本回函資料，並於2019.01.07（以郵戳為憑），寄回時報出版，即可參加抽獎，有機會獲得 **Aida&綺綺 親寫三聯式春聯** 乙份，你沒看錯，除了Aida會親筆手寫15份以外，綺綺也會親寫其中15份！共30名，市價無價，轉賣會很難賣掉，但Aida的鐵粉會很羨慕你。

活動辦法

❶請於本回函填寫個人資料，並對摺黏封好寄回時報出版（無需貼郵票），我們將抽出30名讀者。❷將於2019.01.13在Aida Online的IG直播中抽出得獎者（直播時間請參考書腰資訊），後續也會在粉絲專頁公佈，並由專人通知得獎者。❸若於2019.01.20前出版社未能聯絡上得獎者，視同放棄。

- **讀者資料** -

（請務必完整填寫並可供辨識，以便通知活動得獎以及相關訊息）

姓名：　　　　　　　　　　　　　　　　　　　　　□先生 □小姐

年齡：

職業：

聯絡電話：(H)　　　　　　　　　　　(M)

地址：□□□

E-mail：

歡迎留言給Aida&綺綺(人)、歐練&麻吉(貓)！

這封回函抽獎結束後會交給Aida，也可能會在Aida Online直播時唸出你的問題與留言。

小手
拉
小手

Aida 著

---------------- 對摺線 ----------------

※ 請對摺黏封後直接投入郵筒，請不要使用釘書機。

廣 告 回 信
台 北 郵 局 登 記 證
台 北 廣 字
第 2 2 1 8 號

時報文化出版股份有限公司

台北市萬華區和平西路三段 240 號 7 樓

第五編輯部 優活線 收

我總是把事情結果導向最壞，
如果結局沒有想像中糟糕，
至少心裡還有些安慰。

26

得到家人的喜愛

無論異／同性戀，在感情中，在長輩與另一半之間，扮演的中間人都是相當重要的。家人是否認同這段感情，你對另一半的所有描述，決定了對方在家人心中的地位。

在這些年，我們都很盡力地扮演好中間人的角色。

「爺爺，」我說：「綺綺每天早上上班前都會幫我把麵包烤熱，豆漿拿出來退冰耶！」
「哈哈哈～」爺爺開玩笑說：「她是妳的奴隸嗎？」
「哪是啊！」我笑笑說。
「對了爺爺，」我說：「綺綺問我你喜歡吃什麼，她過年時要買來拜年～」
「錢難賺啊！」爺爺說：「請她不要破費，她人來我就很

開心啦！」

綺綺每一次的對我好、體貼和照顧，我都會告訴我的家人，和他們分享，也讓家人認識綺綺，對她增加好感度。

「綺綺這孩子很乖，我很喜歡。」爺爺説。
這一句話，燃起了我想對爺爺説出真心話的衝動。

而我在很後來很後來，才知道爺爺的這句話，背後深藏的含義。
那一條線在我們面前很清晰，但我們卻都不敢跨越過去。

27

我的精神科醫師

一直以來，我都伴隨著心理的問題，起因不方便多提，只能說是家族疾病，定期回診是例行公事。我的問題錯綜複雜，醫師為了不幫我貼上標籤，總是不把我歸類在任何一類病症中。我自己知道，目前對我來說最嚴重的心理問題之一，是社交焦慮症，是焦慮症的一種。其實除此之外，我也很容易因為各種大小事而感到焦慮。

醫師說焦慮症是腦部的發炎，有時季節也會影響情緒，就像過敏反應，精神問題就和感冒一樣，只是心理生病了，沒有必要自卑或逃避，諮詢和治療是很重要的。

我尤其害怕與陌生人或不熟的人打招呼、對談、有任何交集，只有在我的圖畫和文字裡，我才能真正地做回自己，

這也就是為什麼在粉絲團上，我可以毫無保留地畫出自己的個性、想法，但一旦到了觀眾面前，我卻又變得畏縮。

一旦遇到簽書會或者國際書展的演講，醫師都會多給我幾顆備用藥。一般人都以為我只是不喜歡成為焦點、在大眾面前說話，才如此低調和緊張，但其實我有很多難言之隱。這也就是為什麼我總是在簽書會時化身為「省話一姐」的原因，比起在眾人面前說話，我更喜歡在簽名時和讀者的一對一互動。

能夠跨出這一步去尋求精神科醫師的協助，我已經鼓起很大的勇氣了，終於我正視自己的問題，也積極地想要解決它。

治療的過程中，我和醫師聊了很多，這是我第一次敞開心胸對一個陌生人訴說心裡的問題，醫師很和藹，也很有耐心，就這樣治療了一段時間。

某一次看診，我鼓起勇氣向醫師說，我是同性戀，我喜歡女生。
醫師笑笑說：「哦！這樣啊！」等我繼續說下去。

我說：「我不知道這是不是壓力的原因之一，也不知道自己該不該向家人坦承。」

醫師說：「沒有必要的話，不需要給自己太大的壓力，不用逼著自己要讓全家人都知道、接受，但希望至少家人要有一個人知道，有情緒宣洩的管道和有人能夠理解，對你來說是很重要的。」

當下我心裡閃過的第一個念頭，便是我的婆婆。

爺爺他們年紀那麼大了,還能承受嗎?
會不會對我失望?
會不會胡思亂想?
為了我而操心的話,都是我的錯吧...

28

關於婆婆（我的外婆）

婆婆是個傳統的婦人家，說著一口台灣國語，「吃飯了嗎？」總是說成「粗換了嗎？」同一件事情要交代 200 次，吃齋念佛，是個任何迷信都放在心上的傳統婦女。比如說，她相信打耳洞、點痣會破相的程度，到了我即使戴夾式耳環也會嚇壞她的地步；她吃齋專心的程度，到了連洋蔥蒜頭韭菜都不能碰的地步。

婆婆心地很善良，總是想著家人，把錢花在家人身上，從來捨不得為自己付出一點什麼，只要家人過得都好，她便心滿意足。另外，她總是把好看的蔬菜水果送人，不好的留給自己吃。

婆婆待人謙虛和善，從小就教我很多道理，雖然我還是那

關於婆婆（我的外婆）

個老樣子，很不懂得待人接物。從小她就最討厭我和弟弟吵架，會拿衣架鞭打我們，雖然我還是會趁她不注意狂揍我弟。婆婆希望我們能注意形象，雖然我長大以後還是經常因為長期不梳頭髮被罵、因為穿著起毛球的衣服出門被罵、因為房間亂七八糟被罵、因為駝背被罵、和爺爺一起穿著拖鞋出門散步被罵。

一直到現在，我都還會和婆婆一起去逛大賣場、市場，纏著婆婆幫我梳馬尾，一起去佛堂拜拜。從小是爺爺婆婆帶大的，相對於母親，我和他們更加親密。經常陪婆婆到公園散步，只是每次聊天內容都是茶餘飯後的談料，面對我的工作及感情方面，婆婆總是一知半解，我也對於無法在她面前坦露心聲而感到十分痛苦。

關於婆婆（我的外婆）

29

弟弟給的一股勇氣

曾經有好幾次，我想對婆婆開口，在心中默默閃過好多開啟這個話題的方式，卻又因為自己的膽小懦弱而作罷，當然另一方面是婆婆年紀大了，個性容易操煩，我最主要就是擔心她承受不了這樣的打擊。

直到某一天，我工作到一半，電腦跳出了老弟的對話視窗。

「姊，」老弟說：「婚姻平權通過後，妳會結婚嗎？」
「家裡的人都還不知道，結什麼婚……」我還沒有心力去想到那麼遠的事：「壓力好大。」
「其實我覺得爺爺他們都知道了，」老弟說：「妳要不要跟他們說說看？」

「……」我還是提不起勇氣。

「爺爺他們經常在說綺綺對妳很好什麼的，我總覺得他們都知道了，只是沒說出來。」老弟說。

「我主要是怕他們承受不住，」打到這裡我又眼眶紅了：「我會試試看的……」

30

出櫃那天

這股勇氣是老弟給的。

那是個值得紀念的一天，向世界上和我最親密、從小把我帶大的婆婆出櫃。

我才知道，在出櫃前再多的演練、再多的諮詢、時間的安排及計畫都是多餘的，直到要說出口的那一刻，你便知道自己該說什麼、該怎麼做。

某天我們坐在客廳裡閒話家常。

「那個鄰居最近不知道怎麼了，@#$$%$!#$#$%...」婆婆和我分享她最近得到的消息。

那天我不知道是怎麼了，忽然什麼聲音都聽不到，我看著婆婆，紅著眼眶。

「婆婆……」我眼淚幾乎要掉出來。

「怎麼了？」婆婆好像被我嚇到，但又佯裝鎮定。

「有一件事，我不知道該不該說……」眼淚忍不住掉下來。

「什麼事都可以跟婆婆說，乖，不要哭。」婆婆遞了一張衛生紙。

「我喜歡女生。」說出口的那一刻，我眼淚不停地掉下來。

「蛤？什麼女生？」因為我邊哭邊說，口齒有點不清，婆婆聽不太清楚。

「我喜歡女生。」我忍住哭腔，認真地又說了一次。

婆婆愣了一下。

「哦！」婆婆拍拍我的肩膀：「別哭，那又沒什麼。」

我當場哭成了淚人兒，好像滿腹委屈在那一刻全都跟著傾瀉而下，好像過去的所有辛酸和不安，全都跟著婆婆的一句「那又沒什麼」消逝。

「我怕妳會傷心，所以一直不敢跟妳說。」我邊哭邊說。

「放心，我不會啦！」婆婆持續拍著我的背：「妳又沒有

做錯事，沒關係，婆婆只要妳開心就好。」

「對象是綺綺，和她在一起我很開心。」我說。

「哦！這樣啊！」婆婆說：「妳們只要過得快樂，身體平安健康，這樣就好了。」

見到婆婆接受，我並沒有完全放心。

「那妳要答應我不要胡思亂想，」我吸了吸鼻水：「如果有什麼想知道的，一定要問我。」

「好好好，」婆婆：「我不會胡思亂想。」

「答應我妳會跟我說，有問題會問我。」我認真了起來。

「好好好，」婆婆說：「我會跟妳說的。」

我便又繼續放聲大哭。

我從來不怕婆婆生氣或責備我，只怕她傷心，或者內心想太多。出櫃前，我腦袋瓜子裡上演了好幾種結局，畢竟年紀大，要她接受半個世紀沒接觸過的事，確實有些困難。但最終我得到的卻是這樣的反應，我好謝謝她總是那麼地溫柔，比我想像中更愛我好多好多。

真正的愛是希望你幸福快樂就好。

出櫃那天

31

壓力大到發病

對婆婆出櫃後，雖然心理開朗了許多，但我的心理壓力並沒有解除。

綺綺總是告訴我，我太悲觀，她希望我要學習樂觀，從最根本去改善。在一開始，她無法理解我的感受和處境，總是覺得我太愛小題大作，那段時間我很傷心，因為我覺得她是世界上最有可能理解我的人。

「妳不要想太多了。」綺綺說。
「這句是我最討厭聽到的話。」我說。

其實每一次回診，我都希望醫生能夠幫我減少藥物，藥物治療是必須的，我一直在自我調適，心理問題其實就像感

便
當
!!

幸福是家人放心地將我託付給你。

冒病症一樣，必須吃藥才會好。但有一段時間，我覺得或許有些感冒不必藥物治療，也能夠自癒，於是我便傻傻地自行停藥。

停藥的那段日子過得一塌糊塗。

我經常為了大小事而哭泣，儘管沒事，也會躺在沙發上胡思亂想，默默流眼淚。最後還因為情緒惡化引起許多症狀，那時整天頭暈、唇麻，最後逼不得已到大醫院抽血、做各項檢驗。

那一次，因為綺綺在上班，婆婆和弟弟來接我去醫院做檢查，在等待過程中，婆婆和我交代很多事，像是要早睡早起啦、多運動啦、多喝水啦……等等，就這樣，弟弟和婆婆陪我等看診等了一整個下午。

「綺綺在上班啊？」婆婆問。
「對啊。」我說。
「那麼辛苦。」婆婆說。
「不然你們先回去好了，我自己在這裡等。」我對弟弟和婆婆說：「怕你們回去太晚，綺綺等等就來了。」

「沒關係啦，」婆婆說：「等綺綺來了，我們再回去。」

後來輪到我看診，綺綺也剛好趕到醫院。

一家人跟著綺綺一起陪我進到診療間，在看診期間，都是綺綺在幫我跟醫生說話，婆婆和弟弟靜靜地在一邊聽。
看診完後，我們一起步出了診間。
「婆婆，你們先回去吧，太晚了。」綺綺說：「做檢查我再陪她就好。」
「這樣啊。」婆婆說：「那我們先回去囉，麻煩妳了。」
「好。」綺綺對弟弟和婆婆說：「辛苦你們了。」

看著這一幕，我忽然好想讓時間靜止在這一刻，對眼前這一幕感到深刻的幸福。我知道很多人的感情不被認同，另一半只能被阻擋在門外，但此刻，我所愛的人都能夠陪伴著我經歷這些，甚至綺綺可以在病床邊照顧著我，一直覺得自己作為一個同性戀的滿腹委屈，也在這一刻消失，覺得自己已經比很多人幸運了。

但是身為同性戀，還是有很多艱難的地方，像是有一次護理師來病床邊向我確認資料。

「血型？」護理師問。

「O 型。」我說。

直到問到了這一題：「妳現在和誰住呢？」護理師問。

「痾⋯⋯同居人？」我說。

「朋友嗎？」護理師問。

「對。」面對這些問題，只有滿腹的無奈。

我多希望哪天可以正大光明地說「女朋友」和「太太」，不用擔心對方可能會投以異樣的眼光，也希望自己不再懦弱，能夠勇敢地面對這一切，只可惜，即使婚姻平權通過，要到達理想的階段，仍有好長的一段路要走。

32
旁人的心理建設

婆婆的認同給了我很大的勇氣，我興高采烈地向綺綺分享了這份喜悅，雖然她還是一副無所謂的模樣，但我相信她心裡也是開心的。尤其經過了上一次的生病，她知道自己是能夠陪伴在我身邊的，也對此放心不少。

其實在出櫃前，我反覆地問了公司的同事好幾次，她是個大我好幾歲的姊姊，說話直接又中肯。我在她那裡得到了許多的建議和心理建設。

在出櫃前，我和同齡的朋友討論過許多次，得到的答案不外乎就是「你想說就說囉！」「你如果想清楚了就說啊～」「我覺得先不要說耶！」「不要再給老人家增加煩惱了啦！」……等回應。

其中我最喜歡和同事聊天，因為每一次和她聊天，我總能從中獲得些什麼。有一次印象最深刻的談話是：

「妳覺得我要跟家人說嗎？」我問。

「看妳啊，但我覺得你家人應該都滿善良的，妳都跟他們說綺綺這樣照顧妳，他們應該也會放在心上。」同事說。

「可是我又好怕失敗。」我說。

「什麼失敗？」同事說：「妳不能要求家人的反應都要符合妳的期待啊。」

「至少要給他們一點時間去消化。」同事說。

我當下才想到，我一直遲遲不敢向家人出櫃，整天胡思亂想，最有可能的原因或許就是希望家人的反應都要是接受的，我才知道，這樣的想法或許有些過於自私了。每個人的想法及感受不同，我不能要求他們都得接受、做出符合我期待的結果，或說出我想聽的話。

得到了這樣的建議，心裡也就坦然了許多。

33

姨媽

事隔幾個月,再度和家人出櫃,對象是我的姨媽。

前面提過姨媽是母親的姊姊,也是從小陪伴我長大,就像我的第二個母親一樣,遇到什麼問題,通常第一個想到要找的不是母親,而是她。

然而讓我覺得很遺憾的,是她反同,從以前她就一直和我說「拜託妳不要是同性戀。」我很痛苦,因為她對我來說是很重要的人。她對綺綺總是抱著防備的態度,更讓我覺得在她心中,「不能接受同性戀」是無法改變的事實。因此向所有家人出櫃,姨媽自然是最困難的對象。

記得那天早晨,綺綺還在房間裡呼呼大睡,我先起床工

作。

那天打開電腦，先跳出了姨媽的訊息。前陣子因為擅自停藥造成身體頻出狀況，還到大醫院檢查，驚動了一家大小。

於是姨媽傳了訊息關心我的身體：「試著去泡溫泉讓自己放鬆，或去推拿按摩，戶外走走，放輕鬆，我們愛你，要好好愛護自己，愛家人就是要先愛護自己，不要想太多，什麼事都沒有，幹嘛先煩惱起來放？」

我忽然鼓起了勇氣一個字一個字打下：「姨媽，我有件事想跟妳說，但我不知道妳能不能接受……」按下發送的那一刻，我的心跳快到不行。

「嗯，妳說。」姨媽簡單地回覆。

我還在打字的時候，對話框又跳出：「妳跟綺綺的事嗎？」

我震驚了一下，又緩緩地敲打鍵盤。

「其實，我喜歡女生，可是我知道妳不能接受同性戀，我很痛苦，這幾年我常常自己躲在房間哭，我好怕說出來會讓你們失望。」我邊打邊掉眼淚：「我也一直在看心理醫生，醫生跟我說沒關係，但我真的很在乎家人。」

大部分不喜歡同性戀的人，都會認為同性戀是「故意」的、是可以被「治療」的，但我刻意對姨媽提及我有問過心理醫師，而同性戀也是受到醫師肯定的，這對出櫃也是一大幫助。

「嗯……我早就想到了，只是妳沒提，我也不好問。」姨媽回覆：「雖然我不贊同同性戀，但是………一旦喜歡了，能如何？」

「我一直不敢跟你們說，覺得壓力很大，很痛苦。」我繼續打字。

「嗯……不要想太多，妳成年了，妳的人生是掌握在自己手裡。」姨媽回覆。

「姨媽，如果妳不能接受也沒有關係，我不會勉強妳。」我勉強自己打出這些字。

「我可以接受，因為我愛妳，你是我們的寶貝，我們尊重妳。」看到姨媽打出這些字，我哭到手不斷地顫抖。多年的糾結終於得到解脫，得到了自由。

「我還是那個我，沒有變。」我堅定地打出這些字。

「我知道啦～」姨媽回：「妳永遠是我們最好的寶貝。」

聊了一段時間，聽到了綺綺起床的聲音，我跑出工作室抱
著她哭，我說：「姨媽接受了！」
綺綺一頭霧水：「什麼？」
我哭著說：「我跟姨媽說我們的關係，她接受了。」

綺綺拍拍我的背，替我感到開心。
他知道我每和一位家人出櫃，
就覺得為過去十幾年的時間做了填補。

34

身爲半公衆人物的困難

有一年生日，我開始以圖文記錄著我們的日常生活，更在朋友的支持下，開張了粉絲專頁。那時候的我們沒想過要大紅大紫，沒想過未來的走向，只是很簡單、很單純地在紀錄我們的生活。

剛開始經營粉絲團時，我沒有想太多，直接以我們的名字「Aida」和「綺綺」設定為角色的名字，並在文章中大量使用女字旁的「妳」和「她」來稱呼綺綺，我不在乎外人怎看，我以為這世界其實對同性戀很友善，也對同性戀早已習以為常。直到我接受到幾次的打擊和挫折，才知道我有多麼軟弱，才知道自己在「同溫層」裡待得太久。

那時候我們過得很快樂，我每天都在想著要分享什麼作品

給讀者，他們會不會喜歡？他們又會怎麼和我互動？直到某一次的作品擴散得太快，粉絲人數直線上升，我的作品走出了所謂的「同溫層」。

當時，我一天可以收到數十封問我是不是同性戀的訊息，我不知道一般人在面對一位陌生人突如其來地請你出櫃，你是否能夠直接了當地回覆他，但對當時的我來說，實在是做不到。除此之外，我還可以收到好幾封對我「指教」的訊息，收到好幾封不明究理謾罵的訊息。那時候，我崩潰了好長一段時間，好想對全世界吶喊：「為什麼我不能夠好好地畫畫，只因為我是同性戀！」

後來，我沈澱了一段時間，當時畫圖記錄生活，是我最喜歡做的事，我沒有辦法勇敢地面對那些惡意的留言，但我依舊不想放棄我最喜歡做的事。於是，我開始將綺綺這個角色設定為「無性別」。一方面，我也希望來看粉絲團的人無論是同性戀或異性戀，都能夠從中獲得共鳴，我更不想因為我的性向，讓我的作品被小圈圈或任何框架綁住。

就這樣維持了一段時間，很長很長一段時間，其實我的內心很掙扎，因為我始終覺得自己不完整。

但綺綺為了保護我不再受到傷害、能夠自由自在的創作不受影響，他並不贊成我公開出櫃。直到我跟他說我的心理壓力大到快要無法承受，經過長久的觀察和考慮，他才決定陪我一起勇敢。

我們決定在 2018 年出櫃，當這本書我寫到這裡的時候，出櫃的結果未知，但我們知道，在我們的身後有很多很多的親朋好友支持，給了我們莫大的勇氣。

我畫的我們，像嗎?

你要再
胖一些!

身為半公眾人物的困難

35

關於爺爺（我的外公）

小時候受了傷，爺爺就對我説：「我以前還中彈過呢！妳這點小傷！」所以痛的時候，我都不敢在爺爺面前唉唉叫。小時候挑食，爺爺就會對我説：「很多人沒飯吃呢！妳不吃餓死！」於是我除了牛奶之外，幾乎什麼都吃，尤其喜歡青椒茄子苦瓜。小時候跟著爺爺吃白饅頭夾蛋、燒餅油條、蔥油餅、水餃、麵疙瘩，長大了以後，綺綺經常不解地問我：「為什麼妳喜歡吃的東西，總是和老兵一樣？」

爺爺很重視小時候的我的生活作息，晚上九點前就寢、早上五點起床；長大之後才發現自己長得和成年男子一樣高大。小時候爺爺不准我們開冰箱，因為冰箱常開會耗電；長大之後開冰箱前，我還是會站在冰箱前思考東西放在冰

　　　　　　　　　　　　　　小手拉小手

箱的哪裡、然後開個小縫快速取出。（我這行為綺綺到現在都無法理解）

小時候爺爺很講究筷子的正確拿法，最討厭看到我們筷子交叉。於是很多同學對我說：「妳拿筷子好標準，跟我媽一樣！」小時候爺爺最討厭我們走路時，腳跟在地上拖行，總會說：「腳抬高！走路不准有聲音！」於是長大以後，走路無聲的我好幾次差點沒把綺綺嚇死。

小時候的我幾乎是爺爺一手帶大，所以和爺爺感情特別好。

現在雖然沒有住在家裡了，但每天工作之餘，還是很習慣打電話回家和爺爺分享今天發生的事。每個週末，我總是把時間留給爺爺，偶爾牽著爺爺出門散步曬曬太陽、或是整天坐在客廳，聽爺爺說我已經背起來了的當年勇。

爺爺最常對我說，我從小到大沒有讓他擔心過，這也成了讓我最具壓力的一句話，面對這樣的期待和期望，面對年長且從未接觸過同性戀的爺爺，「出櫃」成了件棘手的事，爺爺就像我的父親一樣，但唯一不同的是，他已經高

齡 88 歲，也有高血壓，他不像和我同輩的人的父親一樣，還很年輕、還能夠承受很多事。

因此，我想我永遠無法在他面前出櫃，我只能和爺爺保持這樣的距離，而這樣的距離，是我心中很大的一個缺憾。

36

高敏感度的爺爺

週末剛過，綺綺出門上班，我在家裡工作，一般來說中午我都會獨自到外面用餐。當然，我還沈溺在週末跟姨媽出櫃的喜悅之中，正在喜孜孜地和朋友分享這份喜悅。

飯吃到一半，忽然接到爺爺的來電。

「身體有沒有好一點啊？」爺爺溫柔地問，然後接著說：「有什麼事都可以跟我說，不要悶在心裡，會悶出病的。」
「好，爺爺，我知道。」我說，一邊吃著飯。
沈默了半晌，我正打算開口說話時，爺爺出聲了。
「其實啊，妳和綺綺的事，我心裡早就有個底了。」爺爺緩緩地說。

瞬間，我的心漏跳了一拍。

爺爺說：「其實二十八九歲一直沒有對象，我心裡也有個底了，但我從來沒有逼迫過你啊，這些不重要，綺綺這個孩子我也很喜歡，只要妳們開心就好了。」
我坐在便當店邊吃飯、邊講電話、邊哭，已經無法在乎路人的目光：「爺爺，我怕你會難過，所以才一直沒說。」
「你沒提，我也不好問，我有什麼好難過，只要你快快樂樂，心放寬，這樣就好了。」

記得在更早之前，我和爺爺一起看電視，談到同性戀的話題時，爺爺總是很不解地說：「同性戀真的很不可思議！」
我說：「爺爺，就像你沒辦法喜歡男生，和同性別的人在一起，你應該做不到吧？」
「做不到。」爺爺說：「但是這應該可以治療吧？」
我說：「爺爺，如果強迫你吃藥，治療，把你變成同性戀，你願意嗎？」
「唉。」爺爺說：「真的也是滿可憐的。」
「爺爺，」我說：「同性戀不需要同情心，只需要同理心啊～」
我一直以為爺爺是無法接受的，也很擔心我要是和爺爺出

櫃了，這件事會給他帶來不小的衝擊。

「爺爺，你是怎麼猜到的？」我哭著說。
「別哭了，妳快要 30 歲了，還沒有一個對象，我心裡就
有數了，可能……可能妳不想交男朋友了。但是又如何，
妳幸福就好了。」爺爺溫柔地說。

最後我是哭著把飯吃完的。

我又開心地把這件喜訊告訴綺綺，綺綺開玩笑地說：「妳
是出櫃出上癮了嗎？」
我破涕為笑，的確是上癮了，這種和家人越來越靠近的感
覺，讓我感到既溫暖又踏實。

小手拉小手

37

母親

還記得高中的時候,母親很欣賞一位歌手,我隨口跟母親提起,那位歌手好像是同性戀。母親很不能接受,嚴肅地對我說:「我們家裡,是不容許這種事的。」
當時的我沒有任何回應,只覺得母親給了我一記當頭棒喝。

事隔十多年,家中的最後一個關卡,是跟母親出櫃。

出櫃沒什麼特別的排序或計畫,只是因為母親不住在家裡,不容易見面或聯絡。那天母親打電話給我,說寄了一些好吃的東西回家,掛了電話以後,我忽然鼓起勇氣發送了訊息。

「媽，有空嗎？」我打下這幾個字按下發送：「我有件事想和妳說，和綺綺的事。」

才打完這幾個字，眼淚又奪眶而出。

接著母親直接打了電話過來，我愣了幾秒，才接起電話，忍住哽咽：「喂？媽。」

「妳幹什麼哭呀？」母親還是聽出了我的聲音不太對勁，但訊號不太好：「#@$@#$@!#$!@%$##$%# 嗎？是不是？」

「我和綺綺在一起。」我哭著說。

「我知道啦！」母親輕鬆地回應著我。

至今我都還不知道母親到底那段話說了什麼？

她是如何猜到的？

我一把眼淚一把鼻涕的說出我們的關係，我說母親的煩惱很多了，我不想再給她增添困擾，所以一直沒有說出口，然後母親笑笑說：「不要哭，這沒什麼，妳開心就好了，妳和綺綺在一起，我很放心。」

今年送自己的生日禮物是對全家人出櫃，終於不用在夢裡一再出櫃，然後醒來痛哭，發現是一場空。雖然家家有本

母親   147

難念的經，一家大小經歷很多風風雨雨，但還是慶幸生在這個家庭裡。

過了幾個小時，老媽再度傳訊息來：「其實那沒有什麼，別想太多，只要妳不會受到傷害，媽媽都支持妳，好嗎！無需誰認同，我 OK 就好！」
受到傷害是難免的，畢竟世界上瘋子如此多，我又那麼懦弱，但只要得到身邊親友的支持，我想我會更勇敢的。

或許有一天我們會發現，我們都太過負面、擔心得太多，有些事情，或許事實上都是符合我們的期待的。

那天晚上，我和綺綺說：「我有問我媽，如果我將來要和妳結婚，她可以接受嗎？」
綺綺說：「妳媽說什麼？」
我激動地說：「我媽說可以，她說她可以就可以。」

我媽說
她同意我們結婚，
如果婚姻平權
通過，我們就可
以人結婚了!!!

等等!
你有問過我
的意見嗎?

母親

38

出櫃後的第一次見家長

一天趁著家人都放假，一起到餐廳聚餐。

姨媽開著車過來接我們，一見到姨媽，我就忍不住過去給了她一個擁抱：「姨媽……」

這是出櫃後的第一次見面，姨媽拍了拍我的背，知道我一切盡在不言中。

後來出發到餐廳吃飯，吃完飯後，爺爺提議要把我送回我和綺綺的住處，於是一家人便開著車一起到了我們的家。

那是在我出櫃後第一次讓家人和綺綺碰面，我特別緊張。

到了我們的住處，我按下了電梯，請家人和我一起上樓。

大門一開，就是雙方的寒暄。

「綺綺妳好～」

「爺爺婆婆好～」

「妳好！」

「阿姨好～」

姨媽這一次，不再用著防衛的眼神看綺綺，而是多了一份柔和還有⋯⋯不知所措吧（笑）

一家人進到家裡，我拿出我曾經出過的書、周邊商品，給他們看，並含著淚說：「這就是我一直都在做的事，但是在跟你們說我和綺綺的事之前，都沒有辦法和你們分享這些喜悅。」
婆婆和姨媽翻著我的書，心裡有無限的心疼和感慨，一方面不捨我藏著祕密和壓力這麼久，一方面又替我的成就感到驕傲。

綺綺開始倒茶水給家人喝，姨媽和弟弟妹妹們便開始玩兩隻我們領養回來的流浪貓歐練和麻吉。

家人要離開前，表弟還提議拍張大合照留念，相片裡有我最親愛的家人和綺綺，此時此刻我的心中只能用「激動」兩個字來形容，這是我渴望多久以來的畫面，日思夜夢的，家人接受了我們，並和諧地相處著。

送走了家人以後，我緊緊地擁抱綺綺，終於，我做到了，讓她等了這麼久的一段時間，這是我今年送給彼此最好的禮物。

39
結婚是必須的

某天下午，婆婆坐在院子裡挑菜，我靠在門邊，陪婆婆聊天。

「婆婆，如果婚姻平權通過後，我可以跟綺綺結婚嗎？」我問婆婆。

「結婚喔……現在很多人都不結婚了，妳確定嗎？」婆婆問：「有沒有結婚，其實不重要啦！」

「結婚當然重要啊！」我說：「如果沒有結婚，我和綺綺一輩子都會只是陌生人。」

婆婆繼續挑著菜一邊回應：「不過其實也沒關係吧，你們感情好就好了啊。」

「當然有關係！」我說：「萬一以後我們有什麼閃失，臨時需要開刀家屬簽同意書，或是住院需要家屬陪同，綺綺

都不是我的家屬，她都沒辦法做這些事。」

說著說著，我有些哽咽，眼眶也漸漸紅了。

「這樣啊……」婆婆停下手邊工作：「不過現在不是已經
能結婚了嗎？」
「還不行啊……」我說：「所以我先問，如果能結婚了，
我們可以結婚嗎？」
「可以啊！」婆婆說：「其實妳們年輕人開心、幸福就好
了，這些我們都不太會管的。」
「嗯……」我心裡很激動，但淡淡地回應著。

同樣的話，我也和爺爺談論過一次，也是得到一樣的答案：
「你們覺得幸福、快樂，這樣就好了！」「爺爺，」我又
進一步地問：「如果我辦了婚禮，你會參加嗎？」
爺爺頓了一下，停下來好像在思考著什麼，我心裡想，也
許是一下子要爺爺接受太多，爺爺可能沒辦法消化，我的
確需要給他多一點時間接受我是同性戀這個事實。

「嗯……」爺爺突然開口：「但是我沒有件像樣的衣服，
沒有西裝……」

爺爺突如其來的回應讓我忽然一股熱淚湧出眼眶，爺爺的眼睛看不清楚，我沒有讓他知道我因為這件事情紅了眼眶，強忍住哽咽，以輕鬆的口氣跟爺爺說：「爺爺，西裝是小事，我好希望如果有場婚宴，會是你牽著我進場⋯⋯」

爺爺笑而不答，但我想這也是他一生中最期待的事情之一吧。

舉辦婚宴是件稀鬆平常的事,
但對同性戀者來說,
是遙不可及的夢想。

40

沒有人能逼你說出心裡的祕密

在經營粉團期間，我收到一封讀者的訊息。

他說，他的好朋友知道他是同性戀了以後非常生氣，責備他隱瞞著這件事，他不知道該如何是好，也覺得很痛苦。

「真正懂你和愛你的人，是會理解你的。」那時我這樣安慰他，但如果換成是我面臨這樣的問題，不知道是否也能夠如此坦然？

回想起來，一直以來我都還算幸運，從和同學、朋友到同事、家人，還有經營粉絲團時遇到的一些合作夥伴，我向他們出櫃時，未曾遇到對方不能接受的狀況，對方都很諒解並且鼓勵我。

小手拉小手

對我來說人生最大的一件事，大概就是在 65 萬粉絲專頁上的出櫃了。在出櫃前，我想過各種討厭同性戀的人、或是無法諒解我的人，說出各種缺乏尊重的言論，我能懂那位讀者的感受，那種恐懼是難以言喻的。

但是我身邊的人不斷告訴我，經過這件事，剛好可以留下真正愛我的人，也不算是壞事。那些不喜歡或者不贊同的人就隨他們去了吧。

綺綺告訴我：「出櫃是為了自己，不是為了別人。」

太過在意別人的眼光和看法是很痛苦的，我經常糾結在這樣的情緒裡，全靠身邊的人不斷地幫我心理建設，讓我知道，無論發生什麼事，我還有一大群的避風港在陪伴著我。

而那位讀者，我也真心希望他能交到真正愛他、理解他難處的朋友，可以接納他的一切，可以明白他的為難之處。也希望有一天他的朋友想法成熟了，知道世界上不是所有問題都像他想得如此簡單，說出自己喜歡同性這件事，並不是那麼容易。

有時候，我也會忽然想起自己對前任的嚴苛，我經常責備她不公開出櫃，但我卻未曾想過她的難處，我做不到和綺綺一樣懂得體諒對方，那時還很無知，只知道處處想到自己。

在你的心裡，是否有一件祕密，有著難言之隱？
你是否懂得隱藏著一件祕密的痛苦和極大的壓力？

曾經在同志遊行中看到一位男同性戀戴著面具，板子上寫著他沒有辦法出櫃，希望大家可以給他擁抱，我看了覺得好難過，即使這個世界再友善、再包容異己，都很有可能還是有人無法順利地出櫃，可能是因為最親密的家人，也可能是自己的心理狀態無法承受。即使同性婚姻通過，還是有許多無法出櫃的同性戀者值得我們去關注和協助。

有的時候，不說並不代表自己有錯，而是擔心外界的眼光。
我們都沒有資格逼誰出櫃，或是說出自己心裡的祕密，對於未知的事情，我們都還很無知，在了解之前，還是抱持著尊重對方的態度，給對方一些時間和空間吧。

真正的朋友，會接納你的全部，
愛你的所有，
支持所有對的事。

41

亦男亦女的我們

我和綺綺剛在一起的時候，綺綺比較傾向於男友的角色，
我比較傾向於女友的角色。男生能做的，綺綺幾乎都願意
做，像是騎車總是她載我，走在馬路上時總是讓我靠裡面
走，天冷總是把外套讓給我穿，她總是讓我依靠，總是比
我勇敢；而我總是愛撒嬌、受到綺綺的照顧和保護。

一定會有人疑惑，為什麼那麼多同性戀看起來的外型和個
性像是要分一男一女？
我和綺綺就是其中一對，一個留短髮、打扮中性，一個長
髮，打扮女性化。

其實我也思考過這個問題，難道是受以往的固有觀念影
響，刻意模仿異性戀嗎？但後來發現答案其實很簡單，就

　　　　　　　　　　　　小手拉小手

是「我們總是被相反特質的人所吸引」。軟弱的人總是喜歡堅強的人，膽小的人總是喜歡勇敢的人，所以陰柔和陽剛的人總是會互相吸引，而陰柔和陽剛，不一定就得是男生或是女生的特質。

我們都應該尊重所有人的喜好。當一位男孩留長髮，穿著裙子，當一位女孩打扮中性，留著一頭俐落短髮，我們都該尊重他們的選擇，因為每個人都有資格呈現出自己喜歡的樣子。

話題回到我和綺綺，剛開始的確她傾向男友，我傾向女友的角色。

但到了後來，相處久了，我們便不再細分得那麼清楚。

「那台機車停得歪歪的，我來……」綺綺準備起身移動那台機車。
「我來吧。」我溜下機車後座，走上前去把機車搬回格子內，展現我的女友力。
「謝謝你喔。」綺綺騎進格子把車停好。

我們走進百貨公司，想在看電影前吃晚餐。

站在收銀台前，綺綺準備拿出錢包。

「吃飯我來付吧，電影票的錢你出。」我擋下她拿錢包的手。

在我們之間的相處，變得很平等，而我發現，那也是我們感情變得更好的開始。

於是，在馬路上時，我也會偶爾讓她走在裡面，不覺得保護我是她的義務；也會在她疲憊時，換我騎車載她，不將她理所當然地當作免費司機；也會在她脆弱時，安撫她，當她的依靠。

她不必再像男生一樣挑起重責大任，只為了讓和她在一起的我，可以受到保護及照顧。其實異性戀中的感情也是一樣，如果總是遵照傳統中的男方應該做什麼，女方應該做什麼，對雙方來說，談戀愛像是「履行自己的責任」，壓力都很大，偶爾互換角色，雙方相扶相持，在感情中更能取得平衡，也更能體會對方平時的立場及難處。

42
小手拉小手

這陣子收到一封訊息，是一位讀者的另一半因為受不了出櫃的壓力，而與他分手。他的另一半想要和異性交往，覺得只有這樣，才不用再承受這種世俗眼光的壓力。

雖然我們之間，沒有強而有力的肩膀、沒有厚實的大手，但兩個女孩之間的愛情，其實和異性戀並無差別。

看到這樣的訊息，我覺得很感傷，也想起了以前的自己。

雖然我對自己出櫃得很順利，一開始就接受了自己喜歡女生這個事實，但我卻不得不在乎外界的眼光。一開始，每次綺綺來工作的地方或是家裡接我，我都害怕被同事或鄰居看到，會多問我幾句。那種害怕外界眼光、卻又擔心另

一半受傷的感覺，夾在中間真的很痛苦，也很無助。好幾次我反覆地問自己，沒有做錯事，為什麼要在意別人的眼光？但我卻無法大方地做回自己。

我每一次要綺綺在哪裡等我，要等我多久，她都不會有怨言，我經常替她的委屈感到不捨，卻又不能為她做什麼。

一直到近期，我才大方地向別人出櫃。在某一次的展覽，一位女生問：「我剛才看到妳和妳男朋友在那裡……」「是女朋友。」我笑笑說，這是第一次，我如此勇敢地向一位第一次聊天的人出櫃。

在那之後，我不再害怕別人看到綺綺和我在一起，我不害怕牽著她的手，不害怕帶著她出入任何工作場合，或是在談案子的時候出現，也許我還算幸運，在過程中，不曾正面遇到過反同或者不接納我們的人出現，也許至今，同性戀在大多數人眼中，已經漸漸變得平凡，而這也是我們所樂見的。

其實一開始，每一次我到綺綺家玩，鄰居或親戚一開始看到我，綺綺也都解釋是同學，當下我有些酸楚，但我對綺

綺又何嘗不是這樣？為了長輩的面子，我們只能一再地隱忍外界的眼光，藏住自己的心聲。

只是，久而久之，其實大家也就心裡有數了。

要打從心底地自我認同和接受，也許需要一段時間，我很慶幸我們陪伴彼此，小手拉著對方的小手，耐心地走過無數次的辛酸和徬徨，也很慶幸我們找到一個勇敢與自己相愛的人。

先認同自己，
別人才會認同你。

43

心中唯一的遺憾

姨媽雖然接受了我是同性戀、支持我的作品，但在她的內心世界裡，「同性戀」依舊是一件難以接受的事。

2018 年 11 月，正值台灣選舉期間，這次大選綁了許多公投案，對於「婚姻平權」這個議題的公投項目，正、反方正在如火如荼地進行宣傳和辯論。無論是檯面上的社群軟體、還是私底下的通訊軟體，都充斥著票該怎麼投的催票方式，以及各種口水戰。

在這期間，我最害怕的就是姨媽傳來反對同性婚姻的文章。

外人怎麼想，我不在乎，但如果連最親密的家人都反對自

己的幸福,那會是多大的遺憾?每一次家庭群組跳出了姨媽傳來的影片或圖片,我都祈禱她傳來的不是反同婚的訊息。

有一天,家庭群組跳出了一則圖片訊息,是姨媽傳來的。我戰戰兢兢地打開視窗,是最讓我失望和心寒的一張圖——反同婚公投的宣導。

我也接著在群組內貼了挺同婚的公投文宣,我們都沒有多說什麼,我關掉了聊天室,心裡很掙扎,也很矛盾。

我能理解「不支持同婚」的人,對他們來說,同婚是一項多大的挑戰。在他們舊有的觀念裡,一男一女相戀是多麼天經地義的事,而我們現在將許多未知的事和新的觀念塞給他們,儘管他們知道同性戀並沒有錯、並沒有傷害或干涉他們,但要他們全然接受,依舊是十分困難的,他們需要時間、需要耐心地解說和思考的空間。

像是我的爺爺和婆婆,我花很多時間和他們對談,給很多時間讓他們去吸收新資訊和思考,我從來不勉強他們要支持我所做的一切決定。但最後他們還是願意支持我,因為

他們對我的愛，遠超過同婚帶來的一切未知的恐懼，他們接受了我，並且支持同婚納入民法的公投。

但我無法理解「反對同婚」的人，那和「不支持」的人不一樣，他們從來不在乎，他們反對的，是一個人的人權。

姨媽是家族中反對同婚的核心人物，她所接觸的宗教信仰、她身邊的朋友、她內心根深蒂固的觀念，都引導著她反對同婚。姨媽和爺爺不一樣，她反對同性戀的程度，幾乎到了無法溝通的地步，我們經常聊著聊著，便避開了這個話題。

姨媽反對同婚對我來說一直是心中很大的遺憾，也許對她來說，我和一個男生結婚的重要性，遠超越我得到真正的幸福。

爺爺曾經對我說，不要在乎別人的眼光，爺爺的想法和支持，對我來說才是最重要的。我說，是，我知道，但語氣中還是難掩一絲遺憾。姨媽愛我，但她更愛的是符合她期望的那個我。

那一夜，我收到了姨媽傳來的反同文宣，我明白了在她的內心未曾真正地接受我是同性戀這個事實。

綺綺問：「妳還好嗎？」

我說：「沒事，我不在乎了。」說不在乎是騙人的，而是我明白很多事情儘管在乎，也沒有任何意義了。我不想去強迫姨媽接受並認同，但我真的真的好希望，有一天她能夠明白，幸福是不分性別、種族、年齡的，只要兩人相愛，都擁有幸福的權利。

寫這篇文章的時候，我的感覺是赤裸的，但我不想隱藏這一面，真實人生並不會永遠那麼單純而美好，我還是要因為很多事情而奮鬥和努力著。

後記

近幾年來，身邊多數人對同性戀的印象逐漸轉變為樂觀、勇敢。

的確，能夠參與遊行、被大家看見的同性戀者，大多是如此，但這卻讓「出櫃」看在異性戀眼裡，成了再簡單不過的一件事。

我對這樣的想法感到無可奈何，因為事情並非如此簡單，也許在那些看似樂觀、勇敢的人背後，是暗藏著許多難言之隱的。我相信很多人一路走來並不容易，他們也許曾經受過打壓、受過歧視、在出櫃與不出櫃的抉擇中備受折磨。除此之外，現今在許多角落，仍有許多不被理解、甚至尚未出櫃的同性戀者孤單地生活著，覺得世上所有的歡樂和幸福都與自己無關。

在我公開出櫃前，那種心底藏著一個大祕密、不安和焦慮

的心情，直到這一刻，還是很清晰。我相信至今在很多地方，還是有人和過去的我一樣，帶著祕密，痛苦地過日子。

過去的我，只要看到公眾人物出櫃，我心底就會激起一股不安和羨慕的心情，我好羨慕又嫉妒他們順利勇敢的人生，也好氣自己的不勇敢和懦弱。

終於在 2018 年 2 月 23 日，我選擇在幾十萬的讀者面前出櫃。

其實我們在出櫃前也沒有特別的計畫，只是選在兩人情緒都比較好的狀態下公開，時間點、日期，都很隨意。意外的是，底下一片聲浪都是支持我們的讀者，我在咖啡廳看著讀者們的留言默默地流淚，後來覺得自己太丟臉了，就趕緊把電腦收一收，回家好好地痛哭一場。

在無法預期的狀況下，文章上了新聞，當然在這之中，也不乏網友們反對和惡意的批評，只是，和起初的情況相比，我已經漸漸能學著去過濾那些不必要的匿名攻擊和所製造的對立。

當然在公開出櫃前之前，很多人幫我做了心理建設，包括我最親愛的家人朋友、我的精神科醫師、還有出版社的編輯和夥伴們、以及工作上的一些合作對象，對他們，我由衷的感謝，當然最重要的還是綺綺，沒有她的堅定和勇敢，我無法順利地走到現在。

最後分享一些我親身經歷過出櫃的重要事前準備：

第一，在出櫃前，我花很多時間陪伴家人，很努力地去贏得家人的信任、花很多時間去證明自己已經成熟，和家人關係良好，並且無話不談。

第二是我瞞了家人將近十幾年的時間，這期間很痛苦，但我覺得很值得，我給家人好長好長一段時間去猜測、去了解、去習慣，在最後我向他們出櫃時，他們其實也早已做好了心理準備，簡單來說，就是溫水煮青蛙。

第三是我已有經濟的基礎，即使家人不能接受，也不會被家人以斷掉經濟來源、趕出家門等等當作威脅，強迫我與另一半分離。

做好一切準備以後，最重要的是，給家人一些時間去消化，並且要做好「對方接受」不是唯一結果的心理準備。

出櫃是一段艱難、漫長的過程，希望我的這本書可以讓很多人感同身受、更希望讓許多不了解同性戀的人明白，其實同性戀也很單純，和異性戀沒有什麼不同，我更希望的是，在幾年後，「櫃子」將不復存在，同性戀不需要不斷重新向世人解釋我的們性向，可以和異性戀一樣自然地存在著，擁有真正的幸福。

最後，我想說，不夠勇敢沒有關係，我們一起加油。

小手拉小手

作者	Aida
美術設計	Rika Su
主編	楊淑媚
校對	Aida、楊淑媚
行銷企劃	王聖惠

第五編輯部總監	梁芳春
發行人	趙政岷
出版者	時報文化出版企業股份有限公司
	10803 台北市和平西路三段二四〇號七樓
發行專線	(02)2306-6842
讀者服務專線	0800-231-705、(02)2304-7103
讀者服務傳真	(02)2304-6858
郵撥	19344724 時報文化出版公司
信箱	台北郵政 79 ～ 99 信箱

時報悅讀網	http://www.readingtimes.com.tw
電子郵件信箱	yoho@readingtimes.com.tw
法律顧問	理律法律事務所　陳長文律師、李念祖律師
印刷	和楹印刷股份有限公司
初版一刷	2018 年 11 月 16 日
初版五刷	2018 年 12 月 20 日
定價	新台幣 280 元

小手拉小手 /Aida 作 .-- 初版 .-- 臺北市：
時報文化,2018.11　面；　公分
ISBN 978-957-13-7606-6(平裝)

1. 戀愛 2. 兩性關係 3. 通俗作品

544.37　　　　　　　　　　107019079

時報文化出版公司成立於一九七五年，並
於一九九九年股票上櫃公開發行，於二
〇〇八年脫離中時集團非屬旺中，以「尊
重智慧與創意的文化事業」為信念。